# 대한민국
# 부동산 흐름
# 읽는 법

술술 읽기만 해도
부동산의 사계가 머릿속으로 쏙 들어오는,

# 대한민국
# 부동산
# 흐름
# 읽는 법

신진수 지음

사례와 스토리로
풀어쓴 대한민국 부동산의
봄, 여름, 가을, 겨울!
사야 할 때와
팔아야 할 때를 알면,
초보도 고수처럼
투자할 수 있다

트러스트북스

## 저자와의 인터뷰 🎙
# 왜 '때를 사야' 하는가?

**인터뷰어**: 기획총괄 윤장래
**인터뷰이**: 신진수

Q: 부동산투자에 대해 언제 처음 눈을 떴나요?

A: 엄마와 버스를 타고 공군비행장이 있던 동네를 지나던 무렵 전투기 굉음을 들었을 때 같아요. "엄마 이 동네는 집값 싸겠네." 엄마는 머리를 쓰다듬으며 웃으셨어요. 그때가 초등학교 고학년 때로 기억이 되네요. 무슨 생각으로 그런 말을 했는지 지금 생각해도 이해가 안 되네요.

도시의 변두리에 살았는데요. 도시가 확장되어 가는 과정을 목도하며 지냈어요. 제가 살던 집은 도로로 편입이 되어서 보상금을 받고 다른 곳으로 가야만 했고, 어린시절 뛰어놀던 뒷동산은 거대한 아파트 단지로 변모해갔어요. 토지보상금으로 건물주가 되는 이들도 있었고, 사업체를 일구는 이들도 있었고, 도시의 외곽으로 밀려나는 이들 등 다양한 모습을 봤던 것 같아요. 하지만 어른들의 세계였을 뿐 저와는 무관한 세계였어요.

부동산투자에 관심을 가지기 시작한 것은 집을 사볼까 하고 부동산투자카페에 발을 들여놓고 부동산 관련 유튜브를 시청하면서 본격화 되었네요.

Q: 부동산투자에 대해 공부해 본 느낌이 어떤가요?

A: 1년간 부동산카페 글들을 모조리 읽고, 유튜브를 1년간 시청했어요. 공부를 하면 할수록 궁금한 내용이 많아졌고 서로 주장하는 내용이 상반되는 내용이 많음을 발견했어요.

첫째, 요즘 이슈가 되고 있는 금리와 부동산의 관계에 대한 것이에요. 상승을 주장하는 이는 '금리가 내리던 시기에는 항상 부동산이 상승했다.' 하락을 주장하는 이는 '경기가 아주 바닥을 기는 상황이라서 금리를 내릴 수밖에 없다. 이런 와중에 부동산은 상승할 수가 없다.'

부동산투자를 접하는 이들은 어느 장단에 맞춰서 춤을 춰야 할지 갈피를 잡을 수가 없어요. 둘째, 또 다른 이슈는 아파트 적정공급 물량에 대한 것인데요. 어떤 이는 인구수×0.005로 계산하고 또 다른 이는 멸실주택, 가구수 증가, 인구이동 등의 복합적인 방법으로 계산하기도 해요. 이것 또한 어느 장단에 맞춰야 할지 가늠하기 어려워요.

두 가지 예만 살펴봐도 어느 편에 서야 하는지 가늠하기가 쉽지 않아요. 비단 이 두 가지 문제에 국한된다면 부동산투자 공부가 쉬울 텐데 궁금증을 해결하기에는 부딪히는 문제들이 참 많은 것 같아요.

Q: 참 복잡하게 생각하시네요. 부동산투자 공부 많이 생각할 거 있나요? 대다수의 군중들이 믿는 무조건 우상향 아닌가요?

A: 1979년 개장한 국내 최초의 종합레저시설 부곡하와이를 아시나요? 신혼여행의 필수코스가 되기도 했다는데 2017년 문을 닫았다고 하네요. 뜬금없이 왜 부곡하와이냐고요? 경남 창녕의 부곡하와이가 한창 성행할 때 부곡하와이 앞의 땅값이 서울의 강남을 능가하던 때가 있었다고 하네요. 지금의 가격 차이를 생각한다면 상상하기 힘들겠죠.

1950~2008년에 걸쳐 전체인구의 58%에 해당하는 100만 명을 잃은 디트로이트의 중심가에 있는 교차로 부근의 상당 부분은 빈터로 남아 있고, 주택가도 비고, 아파트 건물도 2동이 있는데, 한 동의 입주 세대수는 3분의 1도 안 되고, 다른 한 동은 텅텅 비어 있기도 하다네요. 많은 미국 도시들이 금융위기 때 주택 가격 붕괴를 버텨냈지만 디트로이트는 21세기 초 주택 호황기에도 제외되고 주택 거품이 꺼진 이후에 집값이 25% 급락하는 고통까지 겪었다고 하네요.

일부의 예외적인 경우를 일반화하려는 것은 아닙니다. 이것은 아주 예외적인 경우이고 대다수의 부동산가격이 상승해 왔음에 이의를 제기할 생각은 없어요. 그것은 팩트니까요.

Q: 그러면 왜 부동산투자를 바로 시작하지 않고 공부를 먼저 해야 하나요? 공부하고 있는 중에도 부동산 가격은 상승하지 않을까요?

A: 재테크(財+technology)의 뜻은 재물과 기술이 합쳐진 말인데요. 재물을 불려주는 상품(부동산, 주식, 예금, 펀드 등)을 통해서 재물을 불리는 것을 뜻해요. 상품에 투자하기 위해서는 필요한 재물을 먼저 모아야 하니까요. 그동안 공부를 미리 해놓는 거죠.


Q: 요즘 세상에 돈 모아서 언제 집을 사요? 돈 모을 시간에 빚내서 집을 먼저 사야죠.

A: 공짜라면 양잿물도 마신다는 말씀을 하시려는 건가요? 오르는 시기에는 그 효과가 크지만 떨어지는 시기에는 그 대가가 너무 크기 때문입니다. 항상 위기를 가장 크게 겪는 이들은 감당할 수 없는 부채를 짊어진 이들인 것을 봐왔거든요.


Q: 부채를 이용한 레버리지 투자는 절대 금물인가요?

A: 투자를 하게 된다면 적절한 수준의 레버리지 투자는 괜찮을 것 같아요. 좋은 투자자가 되고 싶지 나쁜 투자자가 되기를 원하지 않거든요. 이 책에 나오는 벌집순환모형의 이론을 살펴본다면 레버리지 투자를 해야 할 때와 아닐 때가 있음을 아실 수 있을 거예요. 가격이 많이 상승한 시점에서 정부의 규제가 더해지는 시점에 레버리지 투자는 섶을 지고 불 속으로 뛰어드는 격인 것 같아요.

Q: 지금은 레버리지 투자의 적기가 아니라고 생각하시는 건가요?

A: 투자에 정답은 없는 것 같아요. 벌집순환모형에서 예외적인 경우도 있을 거에요. 벌집순환모형은 과거 사례를 통한 하나의 이론일 뿐이니까요. 자신이 거주하는 지역에 대입시켜 보고 판단하면 될 것 같아요.

책에 나오는 벌집순환모형 그래프를 몇 개를 살펴보시면 먼저 침체 및 불황을 겪는 지역, 활황기인 지역이 나와요. 어느 정도의 시차가 있어요. 투자자들이 이 지역 저 지역 몰려다니는 것도 이해가 되더라고요. 지금 경제 상황에 대해서 너무 비관하고 투자를 포기하기보다는 먼저 침체를 겪는 지역이 회복되는 것을 확인해 나가면서 투자를 고민해 봐도 되지 않을까요?

Q: 어떻게 부동산 관련 책을 쓰게 되셨어요?

A: 투자카페에서 논쟁을 하다보면 대거리가 일쑤였어요. 반론을 제기하기 위해서 잠도 자지 않고 자료를 긁어모아서 이야기해도 헛수고였어요. 부동산투자는 언제나 성공하고 부를 쟁취할 수 있다는 논리에 맞설 수 있는 방법은 실패담을 이야기하는 것이었어요. 가장 효과적인 수단으로 가상의 인물과 실패할 수 있는 사례를 엮어서 글을 썼어요. 재미있다고 다음 편을 기대한다는 댓글도 많았지만, 매사가 부정적이라고 비난하는 댓글도 많았어요. 부동산투자는 무조건 성공한다는 세뇌를 당하기보다는 투자에서의 위험성과 적절한 시기에 대해서도 알리고 싶었기에 글쓰기를 멈출 수가 없었어요. 제가 유튜브 방송을 청취하면서 공짜로 나눔을 받았기에 저도 어느 정도 배운 내용을 나누고 싶었거든요. 금융 부채

는 없지만 부채 의식은 가지고 있었다고 할까요.

Q: 투자에서 마지막으로 주의할 점 한 가지만 말씀해주시겠어요.

A: 비닐멀칭이라고 아시나요? 농사지을 때 비닐로 땅을 덮어두는 것을 말하는데요. 책 내용 중에도 잠깐 나오는 옥수수 관련 이야기에요. 지난 휴가 때 옥수수밭들을 유심히 살폈어요. 비닐멀칭이 되어있는 곳은 옥수수의 버팀뿌리가 비닐 위를 미끄러지듯이 자라나고 끝내 땅으로 뿌리 내리지 못하더라고요. 욕심에 눈뜨는 순간 눈과 귀가 멀게 되고 투자를 하면 돈을 번다는 달콤한 유혹의 소리만 쉽게 들려와요. 결정을 하실 때는 다양한 의견을 경청하라고 말씀드리고 싶어요.

# 차례

# 2부

## 부동산 사이클
## 리밸런싱

# 3부
# 부동산 사이클
# 디레버리지

# 4부

# 부동산 사이클
# 레버리지

1부

# 대한민국 부동산은
# **벌집순환모형**대로
# 움직이는가?

지금까지의 주택시장 그래프를 살펴보면 마치 영원히 상승만 거듭할 것 같은 느낌이 든다. 하지만 조금 더 자세히 들여다보면 그 상승의 흐름 속에 수많은 굴곡이 존재했음을 알 수 있다.

가까운 예로 IMF와 리먼 사태가 있다. 그때의 쓰라린 기억을 여전히 간직한 이들은 많지 않다. 가까웠던 두 번의 위기가 지나간 이후에 투자시장에 뛰어든 이들은 환호했다. 성공한 이들의 이야기는 끊임없이 확대 재생산되었다. 위기를 견뎌내지 못한 이들은 시장에서 조용히 퇴출되었다. 심한 경우는 극단적 선택으로 내몰리기도 했다. 그러하기에 그들의 이야기는 널리 퍼지지 못했다.

주식시장에서 개인투자자의 성공률은 5% 정도라고 한다. 즉 다시 말해 95%는 잃는다는 말이다. 투자게시판의 실패담 코너에는 수많은 이들의 아픔이 담겨 있다. 하지만 그들은 하나의 글을 끝으로 시장에서 사라진다. 반면 성공담 코너에는 오늘도 투자자를 유혹하기 위한 성공스토리들이 널리 퍼져나가고 있다.

상승기에 투자한 사람들은 자신의 탁월한 능력과 선견지명 덕분에 성공했다고 자만하기 일쑤다. 하지만 이후에 찾아오는 하락기를 호되게 경험하고 나면 비로소 시장을 겸손하고 겸허한 자세로 바라봐야 한다는 사실을 깨닫게 된다. 하지만 안타깝게도 마음에 겸손이 가득 차올랐을 때는 이미 주머니가 텅 비어버린 경우가 많다.

투자의 거장 리처드 번스타인이 소개한 '이익 예상 라이프사이클'을 살펴보면 투자시장에서의 흥망성쇠를 확인할 수 있다.

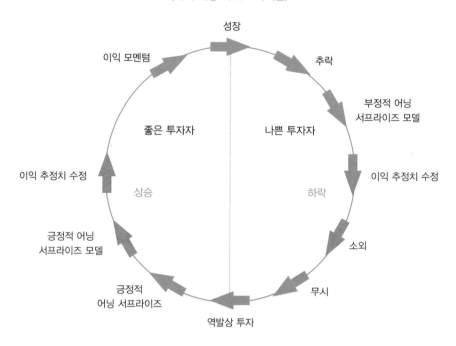

〈이익 예상 라이프 사이클〉

출처: 소음과 투자(리처드 번스타인 지음, 한지영, 이상민 옮김)

2008년 당시 '100년 장수기업 GE의 성공 비결은?'이라는 신문기사를 접했던 기억이 난다. 다우존스공업지수에 포함된 기업 중 현재까지 살아남은 유일한 기업이라는 문구를 볼 수 있었다. 그로부터 10년이 지난 2018년, '100년 미국 1등 기업 GE의 다우지수 퇴장'이라는 기사를 읽었다. 미국 굴지의 대기업 GE를 창립한 초대 회장 에디슨이 지하에서 통곡할 일이지만, 하나의 기업이 이익 예상 라이프 사이클을 벗어나기란 그만큼 어려운 일임을 증명한다.

주택시장을 전망하는 도구 중 하나로 '벌집순환모형'이 있다. 주택시장의 외부환경인 일반적인 경기사이클과 비탄력적인 주택공급의 영향을 받아 주택시장 내부의 거래량과 가격의 관계가 육각형의 패턴을 나타내면서 시계 역방향으로 변동·순환한다는 이론이다.

〈벌집순환모형 6개 국면〉

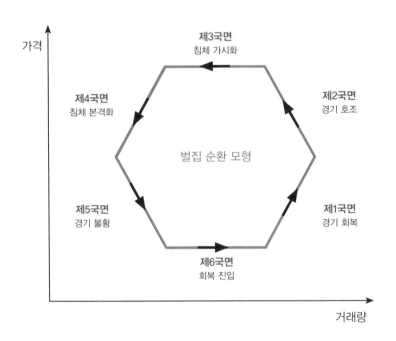

| 벌집 순환 모형 6개 국면 | 거래량 | 가격 | 주요 특징 |
|---|---|---|---|
| 1국면 : 회복기 | 증가 (↑) | 상승 (↑) | 거시경제가 피크를 이루면서 주택수요는 증가하지만 공급은 부족한 시기 |
| 2국면 : 활황기 | 감소 (↓) | 상승 (↑) | 거시경제는 피크를 지나 점차 침체국면으로 전환되고 있으나 공급부족과 가수요로 주택가격은 계속 상승 |

| | | | |
|---|---|---|---|
| 3국면 : 침체진입기 | 감소 (↓) | 정체 (=) | 거시경제 침체가 심화되면서 주택 실수요 및 가수요 모두 줄어드는 시기 |
| 4국면 : 침체기 | 감소 (↓) | 하락 (↓) | 거시경제 여건이 최악인 상황으로 주택수요가 급감하면서 주택의 신규 공급(분양) 역시 급감하는 시기 |
| 5국면 : 불황기 | 증가 (↑) | 하락 (↓) | 거시경제 여건이 불황에서 점차 벗어나 회복 기미를 보이며 거래량은 소폭 증가하나 공급 과잉으로 가격 하락세 유지 |
| 6국면 : 회복진입기 | 증가 (↑) | 정체 (=) | 거시경제가 본격 회복세를 보이며 수요 증가로 거래는 증가하나 가격 하락기에 대기했던 매물로 가격은 보합세 유지 |

출처: 주택금융월보(2016.2월)_조사연구논고,
한국 주택시장과 벌집순환모형의 관련성에 관한 연구(서수복, 김재경)

★ 벌집순환모형은 부동산의 가격과 거래량의 순환모형을 제시한 것이다.

★ 벌집순환모형이 갖는 가장 큰 의의는 전환점을 예측하는 데 있다.

★ 일반적인 주택시장의 순환주기는 7~12년, 평균 10년 정도이다.

★ 현실적으로 주택시장을 벌집순환모형 이론과 같이 명확하게 6개의 국면으로 구분하기는 어려우나 전반적인 추세의 흐름을 판단하는 근거로 활용이 가능하다.

★ 부동산의 움직임에는 사람의 심리가 상당 부분 작용하므로 벌집순환모형이 현실을 정확히 반영하지는 않는다.

★ 국내 주택시장에서 벌집순환모형과 같은 순환을 찾기 힘들다는 의견도 있으나 벌집순환모형과 거의 유사하다는 견해도 있다.

★ 지역별로 순환 주기가 다르게 나타나기도 한다.

# 〈벌집순환모형 사례1〉

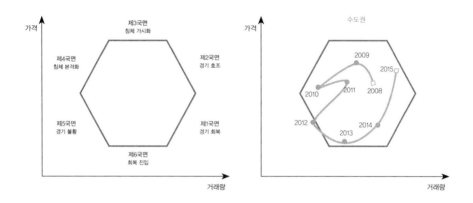

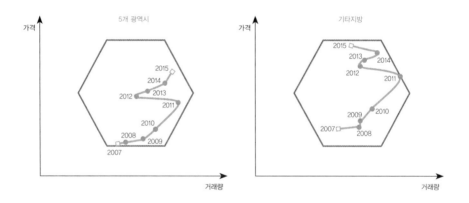

출처: 국민은행, 국토교통부, KB경영연구소

대한민국 부동산 흐름 읽는 법

## 〈벌집순환모형 사례2〉

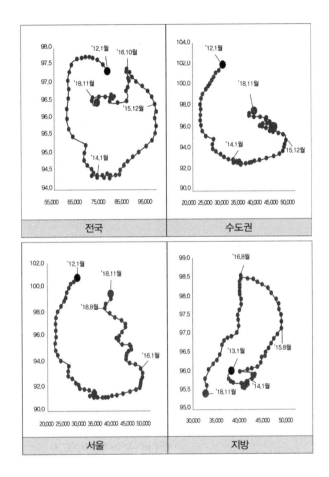

주: 불규칙요인을 제어하기 위해 주택거래는 12개월 평균,
   주택매매가격은 실질기준으로 6개월 평균값을 적용
자료: 국토교통부 한국감정원 | 출처: 국토연구원 국토정책 Brief 2019.1.17

# 1장
## 노전수 이야기 1 - 쓰라린 추억

~~~~~~~~~~~~~~~~~~~~~~~~~~~~~~~~~~~~~~~~~~~~~~~~~~

스산한 바람이 몹시도 불던 그날, 전수는 중요한 계약을 체결하기 위해 집 밖을 나서며 옷깃을 여몄다. 오늘이 있기까지 얼마나 오랜 고뇌의 시간을 겪었던가. 이 계약을 끝으로 투자에 종지부를 찍으리라 다시금 마음가짐을 공고히 다졌다.

약속 장소로 향하는 아파트 입구에는 수많은 경매(어떤 물건을 사려는 사람이 여럿일 때, 값을 높게 부르는 사람에게 파는 것으로 경매를 청구한 권리자의 요청에 의하여 법원 또는 집행관이 동산이나 부동산을 공매하는 방법) 전단들이 붙어 있었다. 테이프의 끈적임이 채 마르기도 전에 새로운 경매 전단이 빈자

대한민국 부동산 흐름 읽는 법

리를 찾아 덕지덕지 붙어가고 있었다.

하지만 그 어느 전단에도 아래에 칸이 나뉘어 붙어 있는 연락처가 떨어져 나간 흔적은 찾아볼 수 없었다. 주위 상가건물은 여전히 '임대'라고 적힌 커다란 현수막이 커튼처럼 큰 창을 가리고 그 내부에 꿈틀대던 욕망과 텅 비어버린 공허함을 감추고자 하는 듯 보였다.

전수는 씁쓸함을 혼자 곱씹으며 서둘러 발걸음을 옮겼다. 약속 장소인 부동산 중개소를 얼마 앞두었을 때 과거에 본 적 있는 투자자 한 명을 발견했다. 농작물을 수확하고 텅 비어버린 밭에 남은 폐비닐이 바람에 흔들리듯, 처량하게 흔들리는 파라솔 아래 안주 하나 없이 덩그러니 놓인 소주병 앞에, 초점 없는 눈을 하고 앉아 있었다. 평일 대낮에 저 사람은 왜 이곳에 있는지, 도대체 저 허름한 옷차림은 무엇을 의미하는지, 전수의 마음이 착잡해졌지만 아는 체하지 않고 무심히 그 곁을 지나쳤다.

부동산 중개소에 들어서려고 차가운 문손잡이를 잡는 순간 전수는 갑자기 오금이 저려 한 걸음도 떼지 못하고 문을 밀지도 못한 채 엉거주춤 멈춰 섰다. 전수를 수많은 시련으로 안내한 바로 그 문이었다. 2008년, 이 부동산 중개소를 들어서는 순간 아니 이 문 앞에 섰던 기억이 너무나 선명하게 떠올랐다.

한때 그는 잘나가는 외식사업가였다. 누구보다 앞서간다고 자부하고 자신감이 가득하던 그 무렵 위기는 삽시간에 전수를 덮쳤다. 부채로 이룩한 거대한 왕국이 한순간에 무너져 내릴 줄 누가 알았겠는

가. 돈 좀 빌려달라는 말을 삼키고 또 삼키다 결국 어렵게 말을 꺼내면 전수가 알던 이들은 모두 그에게 등을 보였다. 그들의 편평한 등은 전수의 눈에는 가시를 잔뜩 세운 고슴도치의 그것 같았다. 모든 가게를 다 처분하고 남은 것은 빚과 40평형 아파트 하나가 전부였다. 이미 아내도 자식도 전수 곁에 남아 있지 않았다. 채권자의 압박에 마지막 남은 아파트마저 처분하기 위해 부동산 중개소를 찾았다. 문손잡이의 차가운 감촉은 영하 수십도 추위 속에서 얼어붙은 쇠붙이를 잡는 느낌이었다.

전수가 그를 알게 된 것은 김 소장의 부동산 중개소에서였다. 가볍게 악수를 건네면서, 자신을 전치수라 소개하며 그냥 전 사장이라 부르라고 했다. 얼굴은 광택으로 번득였고 날카롭게 찢어진 눈은 차가워보였다. 4억 원으로 아파트만 처분할 수 있으면 부채를 해결하고 남은 1억 원이라는 돈으로 새로운 뭔가를 시작할 수 있을 것 같았다. 그는 전수에게 구세주와도 같은 존재였다. 경매로 넘어가면 낙찰자가 없어 유찰을 거듭하던 시기이고 부동산 거래도 급감해 매물을 내어놓은 지 2개월 만에 처음 만난 매수 희망자였기 때문이다. 소장이 4억 원으로 집을 계약할 거라며 계약서를 작성하려는 순간 전 사장의 미간이 좁혀졌다.

"김 소장님, 저는 3억 원으로 듣고 왔는데, 4억 원이라니요?"

"아이고 전 사장님, 제가 4억 원이라고 했지 언제 3억 원이라고 했나요? 큰일 날 말씀하지 마세요."

전수는 그마저 사라져 버리면 미래가 더 암울해질 것 같아 둘의 언쟁은 귀에 들어오지도 않았고 그저 고개만 숙인 채 안절부절못했다.

"김 소장님, 저 3억 원 아니면 절대 매수 의사 없습니다. 바쁜 사람 오라고 했으면 거래를 잘 중계해 주셔야지, 이렇게 사람을 곤혹스럽게 만드는 법이 어디 있습니까? 이만 가보겠습니다."

전수는 흐르는 눈물을 주체할 수 없었다. 이후 한 달이나 지났지만 집을 구매하려는 사람은 없었고 부동산 중개소 김 소장도 연락 한 번이 없었다. 보일러도 돌아가지 않는 빈 집에는 정적만 흐르고 텅 빈 전수의 속은 물인지 알코올인지 구분도 잘 안되는 소주만 가득했다. 때마침 울리는 전화벨 소리에 화들짝 놀라 정신을 차려보지만, 채권자의 이름 세 글자에 그만 통화 종료 버튼을 눌렀다. 전화벨은 계속 울렸다. 미칠 것 같은 침묵의 공간을 가득 채운 그 소리를 저주하며 두근거리는 가슴을 진정시키고자 슬며시 자리에서 일어났다.

거리를 쏘다녀 보았지만 그를 반겨주는 이도, 그가 편히 쉴 곳도 없었다. 편의점에 가 소주 한 병을 산 그는 검정 비닐봉지를 덜렁덜렁 흔들며 집으로 향했다. 비닐봉지에서 꺼내지도 않은 채 소주병 뚜껑을 열고 한 번에 다 들이켰다. 공허함이 사라지고 평온이 찾아와 잠에 빠졌다. 그러나 꿈속에서조차 평온할 수 없었다. 채권자에게 쫓기는 악몽에 소스라치며 깨어났다. 더는 버틸 수 없었다. 시시각각 찾아오는 환청에 미칠 것 같았다.

전수는 부동산 중개소에 전화해 3억 5천만 원이라도 받아달라고 말했다. 다행히 얼마 지나지 않아 연락이 왔다. 부랴부랴 세수만 하고 집을 나섰다. 부동산 중개소 문을 여는 순간 지난번 전 사장에게서 맡은 진한 향수가 문틈을 비집고 나와 코를 찔렀다. '뭔가 불길한 이 향기는 혹시'라고 인식하는 순간 전수는 그의 얼굴을 정면으로 응시하고 있었다. 날카롭고 차갑던 인상은 오늘 유난히 더 싸늘해 보였다. 그는 단호하게 말했다.

"3억 천만 원으로 합시다."

그가 내뱉은 제안이 비수처럼 날아와 꽂혔다. 더는 안 된다며 전수는 3억 5천만 원을 불렀지만 3억 3천만 원이라는 김 소장의 중재에 더 물러설 수밖에 없었다. 계약서에 도장을 찍으려는 순간 전수의 손이 너무 심하게 떨리는 바람에 인주가 다 번지고 말았다. 계약서를 다시 작성했는데도 여전히 손 떨림이 멈추지 않아 결국 김 소장이 빼앗다시피 전수의 도장을 들어 대신 찍어주었다.

'채무를 변제하고 남은 3천만 원이라는 적은 돈으로 뭘 할 수 있을까?'

아찔한 현기증에 전수는 머릿속이 하얗게 변하며 자리에서 일어서지 못했다. 속이 울렁거려 금방이라도 토할 것 같아 한동안 자리에 앉아 있었다. 영광의 순간들이 주마등처럼 스쳐 지나갔다. 3억 원이라는 돈을 주고 산 아파트가 5억 원이 되면서 전수는 생각이 많아졌고, 돈이 돈을 버는 아름다운 구조에 세뇌되듯 빨려들었다. 그가 운영하는 외식업체의 돈벌이가 하찮게 느껴졌고 부동산에 더욱 탐닉

했다. 자연스레 사업에 소홀해졌고 과도한 부채로 문어발처럼 뻗어 나갔던 사업체의 결말은 좋을 수 없었다.

전수가 부동산에 빠졌던 것은 부모님의 영향도 일부 있었다. 1997년 외환위기의 파고를 넘지 못하고 쓰러져 가는 가계와 기업들의 아비규환 속에서도 전수 아버지의 사업체는 견고했다. 덕분에 다른 이들의 피, 땀, 눈물의 결정체라 할 수 있는 아파트를 싼 가격에 사들일 수 있었다. 뒤를 이어 그 방정식을 답습한 전수에게 성공이란 아주 당연한 것이며 실패는 아예 그의 머릿속에 존재하지 않았다. 21세기 처음 찾아온 금융 위기가 전수를 엄습하리라고는 상상조차 한 적 없었다.

'며칠 후엔 집을 비워줘야 한다. 더 이상 내 집이 아니다. 당장 이 집을 나서면 머무를 곳이 없다'는 공포가 그를 덮쳤다.

# 2장
## 노전수 이야기 2 - 잠 못 이루는 밤

전수는 화들짝 놀라 발버둥 치며 잠에서 깨어났다. 13년 전의 악몽들이 다시 등장한 것이다.

"노전수 씨 고맙습니다. 어려운 가운데 채무를 모두 갚아 주셨네요."

"저 정말 죽을힘을 다해서 채무를 갚고 나니 아무런 힘도 무언가를 할 기력도 남아 있지 않아요. 이제 저를 그만 놓아주세요."

"이제 다 훌훌 털어버리고 맘 편안히 사세요. 그럼 안녕히~"

"노전수 씨 고맙습니다. 어려운 가운데 채무를 모두 갚아 주셨네요."

"저 정말 죽을힘을 다해서 채무를 갚고 나니 아무런 힘도 무언가

대한민국 부동산 흐름 읽는 법

를 할 기력도 남아 있지 않아요. 이제 저를 그만 놓아주세요."

"이제 다 훌훌 털어버리고 맘 편안히 사세요. 그럼 안녕히~"

음원의 한 곡 반복재생처럼 같은 내용의 반복이었다. 하룻밤의 꿈으로는 너무 잔인했다.

전수는 이보다 더한 꿈이 있었나 떠올려보았다. 제대 후 군대에 다시 소집되어 끌려가는 꿈? 전역 후 강제 징집된 부대에서 이전 병력 사항을 증명하고 전역하기 위해 100일 휴가를 나와서 그간의 군대 생활 증명서를 떼어서 부대로 복귀, 부대장을 만나는 자리에서 주머니에 손만 집어넣으면 서류가 사라지고 군대 생활이 다시 시작되는 악몽. 그나마 군대는 도피처 역할이라도 할 수 있지만 채무자가 나타나는 꿈은 도피처조차도 없었다. 하루는 안도를 하루는 압박을, 그 고통은 실로 헤아리기 어려웠다. 이런 악몽을 꾸고 나면 항상 신경이 예리한 칼날처럼 곤두서서 서둘러 안정을 찾으려 했다.

컴퓨터의 전원을 켰다. 불안과 긴장을 떨쳐내려 무작정 글들을 읽어 내려갔다. 총성 없는 전쟁터, 국지전과 전면전이 하루에도 수도 없이 진행되고 있는 그곳은 부동산투자 카페다. 과거의 실패를 되풀이하지 않기 위해 부동산투자 카페에 발을 들여놓은 지 10년 가까이 되니 이젠 떼려야 뗄 수 없는 친구 같은 존재가 되었다.

부동산투자 카페와 떼어서 생각할 수 없는 것이 부동산 중개소다. 동네 초입에 있는 중개소의 김 소장은 마을의 장승처럼 우뚝 서서 오래도록 인간 군상의 모습을 지켜본 목격자이기에 전수에게 많은 이야기를 들려주었다.

이제부터 전수는 자신의 이야기와 부동산투자 카페 그리고 부동산 김 소장에게 들은 이야기를 여러분과 나누고자 한다.

# 2부

# 부동산 사이클 리밸런싱

리밸런싱이란 운용하는 자산의
편입비중을 재조정하는 행위를 말한다.

# 3장

## 나형균 이야기 - 여럿에 귀 기울이기

~~~~~~~~~~~~~~~~~~~~~~~~~~~~~~~~~~~~~~~~~~~~~~~~~~~

　나형균은 언제나 균형 잡힌 시각을 가지려고 노력했다. 학교 다닐 때도 균형을 맞추기 위해서 반에서 중간 정도의 성적을 유지했다. 공부하는 애들은 앞쪽에서 공부에만 집중하고 노는 애들은 뒤에서 주야장천 놀기만 했다. 형균은 가운데 즈음 앉아 적당히 공부도 하고 적당히 놀기도 했다. 그래서인지 공부나 노는 것으로 성공하지도 못했고, 어느 것 하나 똑 부러지게 잘하지도 않았다.

　그래도 사는 데는 무방했다. 부모님은 돈을 많이 모아두셔서 형균에게 남겨줄 것도 많다고 하셨다. 그는 마음이 든든했다. 부모님은

"애야, 시간이 참 빠르구나, 아장아장 걷던 네가 학교에 가고 군대에 가고 결혼을 하고 우린 이렇게 빨리 늙어버렸구나. 인생 살아 보니 다른 거 없더라. 부디 즐겁게 살아라"라고만 하셨다.

형균은 인생이 마냥 즐겁다. 부모님이 "너도 애가 둘이니 애들 앞으로 집이나 한 채씩 사 줘야지"라며 큰돈을 증여해 주셨다. 돈이 생겼기에 형균은 아무 생각 없이 부채를 더하여 2채의 집을 사들였다. 집값은 나날이 치솟기만 하니 이 또한 즐거웠다.

직장 업무는 대충 하면 되었다. 잘하려고 하면 피곤하고 안 하자니 눈치 보여서 중간만 잘 유지하니 업무 스트레스도 별로 없다. 시간이 남아서 투자나 해볼까 하다가 부동산투자 카페를 발견했다. 무조건 상승을 외치는 사람 90%, 무조건 하락을 외치는 사람 10%였다. 청약경쟁률이 낮아지건, 세계 경제가 안 좋아지건 상관없었다. 무조건 상승만 외치는 글이 다수였다. 형균의 성향과는 맞지 않았다. 균형 있는 시선을 가져야 하는데 한쪽으로 편향될 우려가 있기 때문이다.

'부동산투자에는 균형이 필요 없나?' '일방적인 상승만이 답인가?' 과거에 사들인 2채의 집도 오른다 내린다 말이 많았지만 3년이 지나고 보니 분양가격의 두 배나 되는 금액이 매매가격이 되어 있었다. 집값이 너무 올라 좀 부담스럽긴 했다. '과연 이렇게 가도 괜찮은 걸까? 나야 두 아이에게 집 한 채씩 물려주면 된다지만, 오른 집값을 과연 다들 감당할 수 있을까?'

특유의 균형감각을 발휘한 형균은 곧바로 인터넷을 뒤지기 시작했다. 유튜브에서는 도봉 박홍기라는 사람이 이마에 깊은 주름을 새기고 앉아서 이야기했다. 자기가 무슨 도인이나 큰 어르신이라도 되는 양 '도봉'이라고 했다. 사람들은 무슨 도봉구 사람이냐고 웃으며 지나치기도 했다. '도의 봉우리에 올라서……'라는 소개를 들었을 때는 더욱 약장사 같은 느낌이 들었다. 근데 이상하게도 어디선가 본 것 같았다. 이상하다, 이상해! 도봉 박홍기. 이름은 익숙한데 생긴 모습과는 전혀 매치되지 않았다. 몇 날 며칠을 고민해도 이름만 기억날 뿐 얼굴의 실체를 알 수 없었다.

직장 상사는 다들 출장 중이라 형균은 회사에서 빈둥거렸다. 인터넷 창을 열어 다음 뉴스를 봤다. 20분 정도 보니 더는 새롭거나 신선한 뉴스도 없었다. 연예인 뉴스들을 열자 예쁜 여자들만 보였다. 남자들의 사진은 0.1초도 안 되는 사이에 스킵했다. 다 보고 나니 할 일이 없었다.

다음 순서는 토론의 광장 아고라였다. 뉴스는 일방적으로 전달만 받으니 균형이 없지만 수많은 찬반 의견이 오가는 아고라는 그나마 해방구였다. "맞다!" 드디어 생각났다. 도봉 박홍기, 미남 사진을 걸어두고 슬러지 시멘트 아파트니, 고소득자들이 투기로 망한다느니, 집값이 하락할 것이라느니 수많은 말들을 쏟아내며 많은 사람의 찬사와 비난을 동시에 받은 인물이었다. 여전히 프로필 사진은 흑백 미남자였다. 형균 역시 남자 사진에 관심이 없던 터라 얼른 떠올리지 못한 것이다. 아고라의 도봉 박홍기와 유튜브에 나오는 박홍기가 매치되지 않는 건 어쩌면 당연했다.

부동산투자 카페에서 상승론자들의 아파트 찬양론을 듣고 있자니 흐뭇하고 뿌듯했다. '아차, 균형! 균형! 정신 차려!' 박홍기의 글들을 읽어 나갔다. '했던 말을 하고 또 하고 지겹지도 않나?' 1,000개가 넘는 글을 다 다운로드 받았다. 중복된 내용을 삭제하고 추슬러 보니 정말 일관된 주장이었다.

'이 사람 좀 대단하네, 간디가 높이 추앙받는 이유 중 하나가 변함 없는 일관성인데 이 사람, 거의 간디급인가?'

박홍기는 같은 이야기를 주야장천 일관성 있게 이어나갔고 그 내용은 놀라웠다. 형균은 논리적으로 그의 말에 수긍했지만 박홍기는 패배자고 자신은 승리자라 자부했다. 자본주의 사회에서는 과정이 아닌 결과만, 아니 돈만이 승패를 말해주니까! 아무튼 그의 노력이 대단해 보이기도 하고, 한편으로는 한심스럽기도 했다.

'한심한 놈, 오늘도 같은 이야기를 되뇌이고 있겠지.'

역시 그랬다. 박홍기는 아파트값이 내려간다고 했다. 눈앞에 보이는 아파트값 상승 현상은 무시한 채 앞날만 자꾸 이야기하고 있었다.

'지겹지도 않나?'

근래 들어 회사는 유난히 한가했고 이상하리만치 적막이 흘렀다.

수출물량이 줄어들면서 일하는 시간은 줄어들고 여유 있는 시간만이 넘쳐났다. 안 보려고 했는데 알 수 없는 힘에 이끌려 빨간색 화살표를 누르고 박홍기의 뉴노멀 경제 방송을 찾아봤다. 했던 말 또 할 게 뻔한데도 그의 말을 듣고 있었다. 역시나였다. '자기가 무슨 인문학자인 양, 고결한 양 이야기하는데 내가 제대로 반박해서 코를 납작하게 만들어주겠어.' 형균은 채팅창에 '하락이', '무식쟁이' 등 귀에 거슬리는 말로 그의 관심을 끌고자 했다. 낚였다! 잔 펀치에 멍든다고 했던가, 그가 형균의 채팅에 반응하기 시작했다.

"박홍기님은 하락론자인가요? 어떻게 10년 동안 변함없이 같은 말을 하죠?"

"형균 님 뭔가 오해하신 것 같네요. 저는 하락론자가 아니고 시장론자입니다. 시장의 흐름에 관해서 이야기하지 단순히 하락이다 상승이다 말하지 않아요."

"당신 아고라 때부터 유명한 악질 하락이인 거 다 알아요."

"제 글들 제대로 찾아보고 말씀해주세요."

"하락이가 무슨 방송이야? 방송으로 돈이나 벌려고 하는 거야? 맞지도 않는 이야기로 사람들 선동하지 말고 열심히 일하고 돈 벌어서 집을 살 생각을 하란 말이야. 집도 없으면서 만날 패배의식에 젖어 집값 내린다고나 하지 말고."

박홍기는 노발대발 흥분했다. 나형균은 승리했고 박홍기는 패배했다. 자본주의에서건 채팅창에서건 형균은 승자였다. 부모님 말씀을 잘 새겨들은 형균은 언제나 즐거웠다.

퇴근하고 집에 왔는데 박홍기가 또 방송을 시작했다. 6시간 전보다 시무룩해 보였다. 목소리에 힘이 빠진 듯해 약간은 미안한 마음도 들었다. 나만 즐거우면 되는 게 아닌데, 즐거움도 너와 나의 균형이 맞아야 모두가 함께 웃을 수 있는데……. 미안한 마음이 든 김에 광고 수익이나 좀 올려줄까 하고 지난 영상을 찾아봤다. 2016년 말부터 올린 것 같았다. 보다 보니 희한하게 빠져들었다. '정신 차려 나형균!' 묘하게 빠져드는 근거는 그의 말이 구구절절 옳았기 때문이다. 논리적으로 승복되지 말자. 결과로 승부를 내자 마음을 다잡았지만, 어느새 홀린 듯 구독 버튼과 알림설정 버튼을 클릭하고 있었다.

이것이 비극의 시작일지 희극의 시작일지, 이야기는 어떻게 펼쳐질 것인지…….


여자만 보고 남자의 사진이나 동영상엔 관심도 없던 형균에게도 변화가 찾아왔으니 도봉 박홍기를 매일 보고 있다. 심지어 걸그룹의 동영상보다 박홍기의 얼굴을 보는 날이 더 많았다. 깊은 주름, 넙데데한 얼굴. 이쁜 구석도 없는데 자꾸만 보게 된다. 형균은 변태가 된 것 같았다. 하지만 그 말고도 중독자가 많았다.

중독자끼리의 채팅도 재밌었다. 더는 또봉 박홍기니 홍기라고 막 부르지 않았다. 자연스레 '도봉님'이라고 부르게 되었다. 그나마 덜

부끄러운 것은, 도봉님이 과거 형균이 막말을 퍼부었던 것을 기억하지 못한다는 점이었다. 자연스레 질문하고 대답하고 결국 스패너까지 받았다. 스패너 이모티콘이 뭐라고, 마치 어깨에 견장을 찬 것처럼 의무감까지 생겼다.

과거 영상들을 살펴보며 부지런히 강의 내용을 정리했다. 정리한 내용을 뚫어지게 쳐다봤다.

## 뉴노멀 시대(저성장 시대) 시장이란 무엇인가?

성장시대에서 저성장 시대로 진입
저성장, 고령화, 저금리

| 1차 시장(노동) | 2차 시장(자산) | 3차 시장(법인) |
| --- | --- | --- |
| 상위 30%(전문직, 대기업 직종에 종사하는 중산층)가 2차 자산시장으로 진입 | 80% 손해(거래세, 세금) 20%가 3차 시장으로 넘어감 | 10% 생존, 90% 망함 |
| 경제를 잘 몰라 손해를 봄 | 경제를 어느 정도 알아야 손해를 안 봄 | 경제적 이익을 누림 |
| 아끼고 모아야 함 | 물가 상승과 통화량 증가로 인한 자산가치 하락을 막기 위해 투자를 해야 함 전문적 투자 공부를 해야 함 | 법을 알아야 함 |

2차 자산시장에 있는 사람은 잃지만 않아도 된다. 하지만 안주해서는 안 된다.

형균은 아끼고 모아서 처절하게 2차 시장에 들어간 게 아니라 부모의 도움으로 손쉽게 진입한 경우다. 그는 자신의 노력으로 2차 시장에 머물러야겠다고 다짐했다.

이어지는 영상의 내용들은 여러 가지 붕괴 시나리오였다. 심하다 싶을 정도로 자극적인 말들이 쏟아졌다. 앞으로 펼쳐질 비극도 어렴풋이 예감할 수 있었다. 사실 그의 표현이 자극적일 수는 있지만, 기관지나 논문 등에서 나온 내용이었다.

한동안 도봉님을 잊고 지냈다. 이야기가 비슷했기 때문이다. 오랜만에 방송을 다시 들었는데 또 그 이야기가 그 이야기였다. 어제 방송을 들으나 오늘 방송을 들으나 같은 내용이었다. 그런데도 형균은 또 듣고 있었다. 그러다 보니 미세한 차이들을 감지할 수 있었다.

그게 그건 줄 알면서도 복습이나 할 겸, 100만 이상 뷰를 기록한 인기 동영상을 오랜만에 리플레이해서 봤다. 신기한 일이 벌어졌다. 2년 전에 한 말들이 오늘날 형균의 주변에서 일어나는 일들과 별반 다르지 않았다. 1년 전에 한 이야기는 당장 6개월 앞에 1년 앞에 펼쳐질 것만 같았다. 물론 100% 다 일치하진 않았지만 그래도 저 정도면 도봉신 강림 급이었다. 형균이 처음 볼 때 2,000명 정도였던 구독자 수도 12만을 돌파한 듯했다. 실버 버튼을 보여주는 모습이 구독자 수가 아니라 신뢰를 쌓은 것이 아닌가 생각했다.

형균은 종합적으로 사고해보고자 했다. 때마침 도봉님의 책 〈리밸런싱(운영하는 자산의 편입 비중을 재조정하는 일)〉을 두세 번 정독했다. 1년 전에 발간된 〈바젤3 모멘트〉는 두 번 정독했다. 그의 말이 틀려도 좋다고 생각했지만 이제는 그의 말이 아닌 형균의 판단으로 변해버렸다.

형균은 부동산 중개소에 들러 2채의 아파트를 처분하고 예금을 결행했다. 누군가에게는 너무 쉽게 집을 사고파는 행위처럼 보였을지 모르지만, 형균은 리밸런싱을 믿기로 했다. 그리고 디레버리지(대출 등 타인의 자본을 지렛대처럼 이용하여 자기 자본의 이익률을 높이는 것의 반대말, 레버리지를 줄이는 것)의 끝단을 기다리기로 했다. 부동산만 지녀야 든든할 줄 알았는데 빚이 정리되고 부동산 30% 예금 70%가 되니 오히려 마음이 편했다.

# 4장

## 김미영 이야기 1 - 거대한 고래

～～～～～～～～～～～～～～～～～～～～～～～～～～～～～～

초등학생 시절의 미영은 자기 이름으로 통장을 만들어 돈을 모으는 게 재미있었다. 큰돈은 아니었지만 용돈이나 세뱃돈 등을 모아 5만 원, 10만 원을 넣어두면 이자가 붙는 것이 신기했다. 5만 원을 넣어두고 3개월이 지나면 이자가 1,100원 생겨나고 또 3개월이 지나면 1,200원이 생겨나고 1년이 지나면 5,000원이 생겼다. 당시 미영의 하루 용돈이 100원이었으니 5만 원을 1년간 예금해두면 무려 50일 치의 용돈이 생기는 것이었다. 미영의 작은 소망은 365,000원을 모으는 것이었다. 그렇게만 된다면 이자로만 다음 해의 용돈을 모두 버는 셈이기 때문이다.

　기억을 되짚어보자면 미영은 그때 돈을 쓰지 않았던 것 같다. 50 원짜리 쫄쫄이를 먹는 친구의 뒤를 따라다니며 한줄기씩 얻어먹고 친구의 가방을 들어줬던 경험이 떠올랐다. 친구들이 아이스크림을 사 먹을 때도 미영은 "한 입만 줘~"를 입버릇처럼 되뇌였다. 더럽게 침 묻는데 달라고 하냐는 친구들의 핀잔도 참을 수 있었다. 하지만 정작 목표를 달성할 무렵 물가도 올라가 있었다. 지금 생각하면 참 어리석었다. 매년 물가는 오르고 있는데 말이다.

　중학교에 입학하면서 미영의 돈은 고스란히 사라졌다. 엄마는 입학을 축하한다며 통장을 보자고 가져갔고, 다음날 미영은 엄마 손을 잡고 새로운 교복도 맞추고 책가방도 새로 샀다. 6년 동안 쓰던 낡은 가방을 벗어버릴 수 있어 매우 기뻤다. 하지만 엄마 아빠가 나누는 이야기를 듣고 마냥 기뻐할 수는 없었다. 미영은 그토록 애지중지하며 모아둔 돈이 그렇게 쓰일지는 생각도 하지 못했다.

　"아이고, 여보! 우리 미영이가 얼마나 야무진지 글쎄 통장에 365,000원이나 모았지 뭐예요."

　"당신 닮아서 참 야무지네, 나 닮았으면 개털일 텐데. 역시 돈은 여자가 굴려야 집안이 편안하다니까."

　"그 돈으로 교복도 맞추고 가방도 사고, 기분 실컷 냈지요."

　"당신 그거 미영이한테 말은 했어?"

　"눈치가 있으면 다 알겠지요."

"그래도 미영이에겐 큰돈일 텐데, 잘 이야기해줘."

"…………"

엄마도 미영이가 다 들었을 거라고 짐작했다. 야무지다는 말은 듣기 좋았지만, 잔액 0이 찍힌 통장을 엄마가 슬그머니 건네줄 때 엄청난 배신감을 느꼈다. 가타부타 말은 없었지만 엄마도 알고 있었을 것이다.

어린 시절의 기억이 잠시 떠오른 이유는 지금도 미련스럽게 돈을 모으고 있기 때문이다. 복리의 마법은 여자의 마법처럼 위대했다. 생명을 잉태하는 것처럼 이자를 잉태하는 것도 위대했다. 미영은 어린 시절의 환상인 365,000원을 여전히 잊지 못했다. 지금은 그때보다 꿈이 더 커진 것이 다를 뿐이었다.

3억 6천 5백만 원을 모으는 것이 미영의 목표였다. 그때나 지금이나 돈은 쓰지 않는 것이라는 생각에는 변함이 없었다. 미영의 어린 시절 별명이 '한 입만'이라고 하면 신랑은 허허 웃지만 부끄러움은 잠깐, 통장의 잔액은 영원이라 여기는 미영은 그 별명을 수치스럽게 생각하지 않았다. 구멍난 속옷, 늘어진 양말도 조금 불편할 뿐이었다. 하지만 외출할 때면 장롱문을 열었다 닫기를 계속 반복했다. 입을 만한 옷이 없었다. 늘 같은 옷을 입는 그녀에게 친구들은 핀잔을 주었다.

"아이고 미영아, 좀 꾸미고 다녀. 여자는 죽을 때까지 꾸며야 해.

그렇게 후줄근하게 다니다가는 남편 바람나기 딱 좋아. 화장은 또 그게 뭐니?"

립스틱만 바른 얼굴이 조금 푸석해 보였지만 미영은 아랑곳하지 않았다. 결혼할 때는 백화점에서 멋진 화장품 세트를 사기도 했지만 생각보다 짙은 화장을 할 기회도 없었고 누구에게 잘 보이려고 꾸밀 필요도 못 느꼈다. 그냥 기본만 하자는 생각이어서 결혼 때 산 세트 이외에는 화장품을 사본 기억이 없었다. 하지만 남들보다 부지런해서일까? 화장품 샘플은 잔뜩 모으는 재주가 있어서 화장품 통은 샘플들로 가득 채워졌다. 한 입만 한 입만 하면서 친구들을 쫓아다니지 않아도 되었다. 다만 인터넷으로 일일이 샘플을 신청해야 하는 것이 좀 귀찮았다.

아끼고 살려면 여러모로 번거로움이 많이 따르지만 생활화되니 딱히 귀찮지도 않고 하루 세 끼 먹는 것처럼 당연한 과정들이 되어갔다. 남편의 한 달 용돈은 20만 원이었다. 친구들은 50만 원인데 자긴 너무 적다며 신혼 초에는 많이 다퉜다. 하지만 궁하면 통한다고 했던가 초록은 동색이라 했던가. 자신에게는 10만 원도 쓰지 않는 미영을 바라보는 남편은 언제부터인가 용돈 투정을 하지 않았다. 오히려 그 돈을 아껴서 기념일이면 작은 선물도 해줬다.

결혼 8주년이 되던 해, 미영은 남편에게 눈을 잠시 감게 하고는 통장 3개를 가져왔다. 눈을 뜬 남편은 눈앞의 통장들을 보았다. 하나의 통장에는 1억 원, 또 다른 통장에도 1억 원, 또 다른 통장에는 8

천만 원. 8천 5백만 원 종잣돈을 전세보증금으로 넣어두고 살아온 8년 만에 자산이 3억 6천 5백만 원으로 불어나 있었다.

남편의 눈앞에 뿌옇게 흐려졌다. 넉넉하지 않은 형편에 아내가 고생하는 것이 못내 미안했다. 미안함과 고마움이 뒤섞인 눈물이 흘렀다. 미영이 말했다.

"여보, 그동안 아끼기만 하느라 고생 많았지? 나 같은 짠순이 만나서 원망도 많이 했지?"

"……."

미영의 남편은 아무 대답도 할 수 없었다.

"여보 나 엄청 하고 싶은 게 있는데, 소원 들어줄 거야?"

"……."

"나 소고기 한번 실컷 먹어보고 싶어. 우리 애들 가졌을 때도 배터지게 한번 먹어보고 싶었는데 그러지 못했던 것 같아."

"미안, 미안해." 눈물이 주룩주룩 계속 흘렀다.

"여보, 나 소원인 3억 6천 5백만 원 모았다. 이 돈이 환상처럼 사라져 버리지는 않겠지? 나 어릴 때 엄마가 홀라당 다 써버렸다고 이야기한 적 있었지?"

"당신이 어떻게 모았는데 그 돈이 사라져 버리면 어떡해! 큰일이지."

"그래서 생각해봤는데 아파트 미분양이 넘쳐나서 20%까지 할인 분양을 한다고 하더라고. 1억 8,000만 원이면 34평형 아파트를 살 수 있을 거야. 애들도 많이 커서 이제 방 하나씩 갖고 싶다고 난린

데, 그 소원도 들어줄 겸 이번 기회에 집 사는 게 어때?"

"아이고, 짠순이가 그렇게 큰돈 쓸 수 있을까? 집값 내려간다고 난리인데, 정말로 내려가면 충격받지 않을 수 있겠어?"

"여보 나 이래봬도 직감 하나는 끝내줘. 우리 아빠 두 번이나 망할 뻔했는데 지나고 보니 제일 힘들 때가 제일 큰 기회더라고. 내 직감을 믿어봐."

미영은 남편과 함께 연차를 쓰고 분양사무실로 향했다. 을씨년스러운 분위기에 마치 귀신이라도 나올 것 같았다. 사람의 온기라고는 느낄 수 없는 찬 공기가 흘렀다. 사무실 직원의 친절과 아파트 칭찬은 입에 침이 마를 지경으로 과도했다. 미영은 이상함을 느꼈다. 교언영색이라고 했던가. 잘 보이려고 꾸며대는 말과 알랑거리는 태도가 미심쩍었다. "좀 더 생각해보고 올게요." 그러자 직원은 매우 다급히 덧붙였다.

"사모님, 절대 어디 가서 이야기하면 안 됩니다. 이건 우리 회사의 아주아주 특별 보유분이라서 사모님께만 특별히 5% 추가 할인해드릴게요."

발길을 돌리던 미영은 문손잡이를 잡고 바깥쪽으로 밀었다.

"아이고 사모님! 성격도 급하시네요. 천만 원짜리 아반떼 경품으로 빼둔 것 있는데 그것도 드릴게요. 이제 더는 안 됩니다!"

미영은 10년이 다 되어가는 베르나를 떠올리며 신형 아반떼에 혹해서 마음이 흔들렸다. 결국 문손잡이를 잡은 손에서 힘이 빠졌다.

계약서에 사인하는 손이 부들부들 떨렸다. 큰돈이 나가야 하는 상황에서 이런 경험이 없었으니 당연했다.

그날 손 떨리는 상황은 또 벌어졌으니 소고기를 먹으러 간 것이다. 손끝이 떨려왔다. 애들과 남편의 손놀림은 무섭도록 빨랐다. 고기는 구우면 사라지고 구우면 사라졌다. 미영은 속이 답답했다. 마치 소화불량이라도 걸린 것처럼 아까 먹은 고기가 목구멍에 계속 걸려 있는 느낌이었다. 배 터지게 소고기를 먹어보자는 다짐 역시 미영에게는 어울리지 않았다.

입주 청소를 하려고 퇴근길에 계약한 아파트로 갔다. 분위기가 흉흉했다. 환영인사는커녕 할인 분양을 규탄하는 입주민의 분노가 담긴 플래카드들, 입구를 가로막은 거대한 컨테이너에서는 입주자와 입주자대책위가 한바탕 힘겨루기 중이었다.

하지만 얼마 지나지 않아 컨테이너와 플래카드는 모두 사라지고 무사히 입주할 수 있었다. 집은 대궐처럼 넓었다. 지금껏 방 두 칸짜리에서 어떻게 살았나 싶었다. 애들은 각자 이 방이 자기 방이라며 침범하지 말라고 신나서 난리였다. 얼마 전까지 둘이 죽고 못 살듯 꼭 껴안고 자더니 이젠 자기 영역을 찾는 것을 보니, 애들이 많이 컸다는 생각과 이사하길 참 잘했다고 느꼈다.

다행히 집값은 내려가지 않았지만 거래도 되지 않았다. 미영은 집을 돈으로 생각하지 않았다. 미영의 관심은 오로지 3억 6천 5백만 원이었다. 출혈이 컸다. 집을 새로 사는 데 1억 7천 5백만 원이 들었으니 남은 돈은 1억 9천만 원이었다. 빨리 2억 원을 만들고 싶어 모으고 또 모았다. 미영의 가장 큰 낙이었다.

한 가지 낙이 더 생겼으니 2013년이 되면서 집값이 오르기 시작한 것이다. 퇴근길에는 부동산 중개소 앞을 기웃거리며 집값을 알아봤다. 여자의 직감이 무섭다고 했던가, 묘한 승부욕이 발동했다. 반으로 쪼그라든 잔액에 놀라 더 지독하게 돈을 모아서인지 또다시 통장 잔액은 3억 6천 5백만 원을 조금 넘은 상태였다. 뭔가를 더 할 때가 된 것 같았다. 주위 아파트값이 1억 8,000만 원 정도 하다가 1억 9,000만 원을 기록하자 너무너무 망설여졌다. 한 채를 사자니 두 채를 사면 더 오를 것 같고, 두 채를 사자니 생전 처음 빚을 져야 할 판이었다. 가슴이 두근두근했다. '남편과 상의해야지.'

"여보, 우리 또 집 살까?"

"우리 짠순이 무슨 바람이 불어서 이러실까?"

"우리 아파트 옆 동에 매물이 몇 개 있던데 예전보다 집값이 조금 올랐지 뭐야. 천만 원 모으려면 자기랑 나랑 얼마나 아껴야 하는지 알지? 이번에도 나의 직감을 믿어볼 거야?"

"믿다마다. 우리 마누라님 아니면 내가 누구 말을 믿겠어."

"한 채를 살지 두 채를 살지 무지무지 고민 중이야. 한 채를 사면 돈이 남고 두 채를 사면 돈이 모자라고. 당신 지금처럼 아끼면서 딱 4년만 더 살 수 있겠어?"

"나야 절약이 몸에 뱄으니 걱정 붙들어 매셔~"

"여보 고마워~"

미영은 서둘렀다. 집값이 자꾸만 오를 것 같았다. 하지만 1억 9천만 원에서 2억 원에는 쉽게 도달하지 못했다. 심리적 저항이라고나 할까. 느낌부터가 달랐기 때문이다. 1,900원짜리를 살지 2,000원짜리를 살지 고민하다가 1,900원짜리를 고르는 게 사람 심리다.

미영은 이웃 동의 아파트 두 채를 구매했다. 빚이 자그마치 1,500만 원, 아니 이런저런 경비를 쓰고 나니 2,000만 원에 가까웠다. 생전 빚이라고는 모르고 살다가 빚이 생기니 눈앞이 까매지는 느낌이었다.

어느 날 부동산 중개소 소장의 전화가 걸려왔다.

"사모님, 얼마 전 우리 부동산 중개소에서 계약하셨죠? 그 아파트에 전세 살려고 하는 사람이 있는데 오늘 집 보러 가도 될까요?"

전세보증금 받는다는 것을 왜 생각하지 못했던가. 전세보증금이 1억 5천만 원이라고 했다. 세입자는 집이 깨끗하고 좋다며 바로 계약하자고 했다. 계약금과 전세보증금을 받으니 미영의 셈법이 복잡해졌다. 분명 빚이 2천만 원이었는데 그걸 제하고도 한참이나 남는 돈이 불어나 있었다. 은행을 방문했다. 빚을 정산하고 나니 통장에는 1억 3천만 원의 예금이 남았다.

일주일이 안 되어 또 소장의 전화를 받았다. 지난번 일도 고맙고 해서 박카스 한 상자를 사 들고 갔더니 신혼부부가 아파트를 보러 온다는 이야기를 꺼냈다. 이번에도 전세보증금을 1억 5천만 원 받아서 준다고 했다.

꿈인지 생시인지 어리벙벙한 미영이었다. 빚이 2천만 원이라서 휘청할 줄 알았는데 예금이 2억 8천만 원이었다. 아파트를 두 채나 샀는데도 통장에는 2억 8천만 원의 예금이 있다니, 통장에 가만히 돈을 넣어두고 있으면 바보가 될 판이었다.

그날로 미영은 아파트 병이 도졌다. 회사생활도 시들하고 부동산 중개소를 들락거리는 것이 낙이었다.

"사모님, 전세보증금 모아놨다가 삶아 드실라우?"

"저도 요새 바람이 잔뜩 들어서 나중에 돌려줘야 할 전세보증금인지 알면서도 또 아파트를 사고 싶어서 근질근질해요."

"하나는 알고 둘은 모르시네요. 그 보증금이야 사모님 것이나 다름없죠."

"무슨 말씀이신지 이해가 잘 안 되는데요."

"잘 들어보세요. 첫 번째 세입자가 나갔다, 그러면 그 집이 빈집이 되나요? 아니에요. 아직 신축이라서 들어와서 살려고 하는 사람이 줄을 서서 기다리고 있어요. 첫 번째 세입자가 나가면 두 번째 세입자가 또 전세보증금을 싸들고 들어온다 이 말이에요."

"소장님 말씀 들으니까 그런 것 같기도 하네요."

"지금 집값 2억 원 넘어갔죠? 2억 원만 넘으면 2억 5천만 원은 금방이에요. 그걸로 끝이냐? 아니에요. 전세보증금이 2억 원은 될 거라 이 말씀이에요."

"제가 일해서 버는 돈은 정해져 있는데. 부동산의 돈 단위는 날이 면 날마다 커지기만 하네요. 혹시 집값이 내려가면 어떡해요?"

"나라님이 있는 한 집값은 오를 거예요. 나라에서 집 사라고 난리인데 집값 내려가면 폭동 일어나요. 경기 부양에 건설만 한 게 없거든요."

"저는 미분양 회사보유분으로 처음 사서 들어온 터라 집값이 내려 가는 것도 솔직히 생각은 하고 있어요."

"사모님, 물 들어올 때 노 저으세요. 저도 이 바닥 20년째인데 이 런 기회가 몇 번이나 온다고 생각하세요."

미영은 심각한 고민에 빠졌다. 기쁨의 고민이 아니라 근심의 시작 이었다. 사람은 저마다의 그릇이 있다는데, 미영의 그릇은 작건만 담을 내용물이 많아지니 걱정었다. 며칠 사이 미영의 안색이 나빠졌 고 이를 알아챈 남편이 무슨 일인지 물었다.

"당신 요즘 좀 수척해진 것 같아. 무슨 걱정 있어?"

"돈은 쌓여 있고, 가만히 두자니 이자는 얼마 안 되는 것 같고, 내 그릇이 작아 더 투자하자니 무섭고."

"하하하 당신도 배짱이 그렇게 크진 않군. 그간 우리 씀씀이가 늘 어난 것도 아니고 빚을 내는 것도 아니니 내 의견도 또 사자에 한 표 던져. 너무 고민하지 말고 뜻을 이뤄보는 것도 좋을 것 같아."

미영은 네 번째 집을 사러 갔다. 34평형이 아닌 40평형으로 2억 4 천만 원이지만 세입자가 있는 전세 낀 매물이라 6천만 원만 있으면 된다니 기가 막혔다. '나는 정말 부알못(부동산을 알지 못한다)인가 보다.'

돈이 2억 2천만 원이 남았다. 미영은 또 고민했다. 이러다가는 동네 아파트를 모두 살 것만 같은 착각에 빠졌다. 2억 2천만 원이면 집을 4채나 더 살 수 있었다. 미영은 고민에 고민을 거듭하다가 여덟 번째 집을 사고 투자를 마무리했다.

세입자 구하기는 어렵지 않아서 나가면 금세 다시 다른 사람이 들어왔다. 2억 원이던 집값은 3억 원이 되었고 2억 4천만 원이던 집값은 3억 8천만 원이 되었다. 직장은 취미생활이 된 지 오래였다. 연봉 4500만 원이 별로 크게 느껴지지 않았기 때문이다. 사는 집을 제외한 보유 아파트의 가격이 20억 원이 넘었다. 8천 5백만 원의 종잣돈으로 시작한 결혼생활 17년 만에 엄청난 자산가가 되었다. 순자산에 대한 개념은 없었기에 엄청난 부자가 된 듯한 착각도 들었다. 세금이 뼈아팠지만 집값이 많이 올라서 다 팔면 제법 큰돈을 거머쥘 것 같았다.

어느 날 미영은 아버지의 전화를 받았다.

"잘 지내고 있니? 철철이 보내준 보약 덕택에 내가 기력이 참 좋구나."

"아빠도 능력 있는 딸 덕 톡톡히 보셔야죠."

"내가 참 무능했지, 두 번이나 크게 망했으니. 그러고도 이런 대접 받는 걸 보면 딸 하나는 잘 키운 것 같구나."

"아빠는 저만 믿으세요. 아빠 크게 실패하는 거 두 번 보면서 실속 있게 배운 저예요. 말씀드리긴 좀 그렇지만 반면교사라고나 할까요. 기분 나쁘게 생각하지는 마세요."

"그럼그럼. 부모보다 못한 자식이라면 내 삶이 얼마나 비참했을까. 잘 자라줘고 잘 살아줘서 고맙다.

미영아, 다른 게 아니고 특별히 할 이야기가 있어서 전화했다. 희한하게도 내가 크게 망하기 전에 항상 같은 꿈을 꿨는데 큰고래가 나를 집어삼키는 꿈이야. 무슨 피노키오라도 되는 양 고래 뱃속을 헤매다가 식은땀을 흘리며 잠에서 깼는데, 그 고래가 어젯밤 꿈에 또 나왔다. 내가 뭐 가진 게 있어서 나를 집어삼키려는지, 아무리 생각해도 꿈자리가 너무 뒤숭숭해서 너한테 전화했구나."

"아빠 저도 요즘 돈벼락 맞은 것처럼 행복해서 아빠 생각이 났었어요. 어쩜 좋아요?"

"미영아, 네가 어련히 잘 알아서 하겠지만 날 반면교사 삼는다고 했으니 이번에도 그러면 좋지 않을까?"

"네, 좀 생각해볼게요. 아빠 고마워요."

부동산투자 카페는 갈수록 번창했다. 미영이 가입할 때 50만 명 조금 넘던 인원이 70만 명을 훌쩍 넘어 80만 명을 바라보고 있으니, 너무 짧은 기간에 많은 사람이 부동산에 관심을 가진다는 증거다. 꼭지의 징후가 느껴졌다.

그중 기분 나쁜 아이디가 있었다. Innocence. 모두가 "청약과 부동산은 대박"이라고 할 때 갑자기 등장해서는 글들을 쏟아냈다. 의도는 순수해 보이나 속은 알 수 없었다. Innocence의 글들을 읽어 나갔다. 틀린 말이 없어서 더 기분 나빴다.

뭔가를 결정해야 할 순간이 왔음을 느꼈다. 아빠처럼 침몰할까? 안 돼. 그 고통의 시간을 뼈아프게 경험한 미영은 갑자기 온몸에 힘이 죽 빠졌다. Innocence에게 비밀댓글을 달았다.

'그동안 쓰신 글들 잘 읽었어요. 저는 김스마일이라고 합니다. 글값이라고 하기에는 좀 그런데 제가 차 한 잔 대접해도 될까요?'

예리한 그의 글들에서 샤프한 이미지가 연상되었다. 딴마음은 없었다. 그냥 의견을 듣고 싶을 뿐이었다. 답이 왔다. '저녁에 애들 재우고 잠깐 시간이 되는데요. 늦은 시간 괜찮으시겠어요?'

좀 찜찜했지만 어쩌겠는가. 답답한 마음에 응하고 말았다.

저녁 10시경, 그가 평소 글질을 시작하던 시간이었다. 약속 장소인 스타벅스에서 기다렸다. 그는 빨리 오지 않았다. 깔끔한 정장 차림일 거라 생각하고 오가는 사람들을 바라보았다. 트레이닝복에 점퍼를 입은 동네 아저씨 같은 사람이 주위를 두리번거리면서 누군가를 찾고 있는 듯했다. '설마 저 사람은 아니겠지?' 미영은 울리는 자신의 휴대전화를 확인하고, 그 남자가 전화를 들고 매장 안을 바라보는 모습에 갑자기 찜찜해졌다. 사기당한 느낌이었다.

역시나였다. 늦어서 미안하다며 머리를 긁적이는 아저씨가 바로 Innocence였다. 애들이 늦게 자서 입은 차림 그대로 나왔다고 했다. '나 자신이 한심하네. 이런 사람을 만나려고 귀한 시간을 내서 나왔단 말인가.' 미영은 크게 실망했지만 어쩔 수 없었다. 아메리카노가 괜찮다는 말에 아메리카노 2잔을 시켜서 자리에 앉았다.

"Innocence님의 글 보고 많은 걸 느껴서 이렇게 뵙자고 했어요."

"아이고, 제 글을 관심 있게 봐주셔서 감사합니다."

"알고 싶은 게 참 많은데 답변해주실 수 있나요?"

"물론이죠. 그러려고 나온 걸요. 그런데 너무 큰 기대는 말아주세요. 저도 공부하는 처지라서요."

"부동산 하락을 예상하는 이유가 뭐죠? 너무 단도직입적인가요?"

"저는 제일 큰 이유가 DSR<sup>(총부채원리금상환비율Debt Service Ratio이란 가계가 1년 동안 부담하는 모든 대출 원리금 상환액을 연간 소득으로 나눈 비율을 말한다. 이 숫자를 낮춘다는 것은 대출 억제를 의미한다)</sup>이라고 생각합니다. 김스마일 님이 아파트를 몇 채나 가지고 계시는지 모르겠지만 온전한 자기 돈으로 가진 사람 있나요? 전세보증금이나 대출이 포함되지요. 온돌방을 데우려면 밤새 장작을 넣어줘야 해요. 한번 덥혀지면 그 온기는 오래갑니다. 그런데 장작이 다 타버리는 새벽이 되면요? 누군가 장작을 보충해주면 아침까지 따뜻하지만 장작을 보충해주는 사람이 없다면 구들장의 온기는 식어버리기 마련이죠. 그러니까 장작을 공급하는 사람이 없다면 무슨 문제가 생길지 뻔히 보이시죠? 자, 다시 금융으로 넘어와 볼게요. 대출이 막히면 어떡하죠?"

촌놈 같은 게 말은 그럴싸했다. 비유도 제법 쓰는 것 같고. 수긍이 가는 부분이 없지 않았다.

말 몇 마디 했다고 금세 커피잔이 비었다. 그가 담배를 피우러 잠시 나간 사이에 커피 한 잔을 더 주문했다. '또 뭘 물어본담.'

Innocence는 담배 연기를 깊이 빨아들이며 생각했다. '과연 김스마일 님은 내 이야기를 들을 생각이 있기는 한 걸까?' 처음에 그를 무시하듯 훑으며 알은체하지 않았을 때의 기분 나쁜 눈빛이 남아 있어서였다. 하지만 기왕 나온 거 이야기를 다시 풀어보기로 마음을 다잡았다.

"기다리게 해서 죄송합니다."

"아니에요, 귀한 시간 내서 나와 주셨는데요. 한 가지 더 여쭤볼게요. 대출이 막히면 어떻게 하냐고 물어보셨는데 제가 여쭤보고 싶어요. 어떻게 되나요?"

"IMF 때 기업이 왜 망했죠? 과도한 대출로 시장이 잔뜩 부풀려진 상태에서 대출이 끊겨서 그랬던 거 아시죠?"

IMF라는 말이 나오자 뜨끔했다. 미영의 과거사가 떠오른 것이다. 아버지, 미영의 아버지를 일순간에 궁지로 내몰았던 IMF가 나쁜 것이 아니라 대출이 막힌 것이 진짜 무서운 것이었다.

"네. 그때 대출 막혀서 기업들 줄도산 했던 것 기억해요."

"그때는 기업의 IMF라고 해두죠. 개인들은 그나마 저축률이 높았으니 기업은 망해도 일반 가계는 건전해서 버틸 만했죠. 그런데 이번에 대출을 막는 것은 개인의 IMF라고 할 수 있을 거예요. 사람들은 이미 돈을 가용한도만큼 당겨썼다고 봐요. 금융권 대출도 막혀버릴 정도로 힘이 들죠."

"그런데 2금융권 보험사 등에서는 DSR과 무관하게 계속 대출해

준다던데요. 그러면 돈줄이 막힌 게 아니잖아요?"

"맞아요. 보험회사 증권회사가 막바지로 대출을 서두르고 영업하는 모습 보셨을 거예요. 왜 그럴까요? 그 대답은 1금융권과 마찬가지로 2금융권도 DSR이 도입되기 때문이에요."

"그럼 결국 서민을 위한 대출은 없다는 말인가요?"

"물론 소수의 취약계층을 위한 대출은 남을 거예요. 다만 주택 구매를 위한, 투기를 위한 대출은 이제 끝나간다고 봐야겠죠."

미영의 머릿속에는 IMF, 대출, 개인 IMF 이 세 단어만 한없이 꼬리에 꼬리를 물고 이어졌다. 그러면서 한동안 침묵이 이어졌다. 어느덧 11시가 다 되어가고 카페도 문을 닫는다고 했다. 더 묻고 싶은 말이 많았지만 여기서 헤어져야 할 듯했다.

"오늘 말씀 정말 감사해요. 말씀에 비해서 수업료가 너무 싼 거 같아 죄송해요. 다음에 제가 식사 한번 대접해도 될까요?"

"저야 뭐 만날 게시판에서 떠들던 이야기 한번 더한 것뿐인데 커피 잘 마셨습니다. 무엇보다 제 이야기에 귀 기울여 주셔서 감사합니다. 간만 보려고 나온 사람인가 싶어서 아까 담배 피우면서 이야기할까 말까 한참 망설였거든요."

"제가 잘 몰라봐서 죄송해요."

"아니에요. 다음에 기회 되면 또 제가 아는 범위 내에서 말씀드릴게요. 그리고 과거에 잠시 부동산 공부한 자료가 있는데 필요하시면 보내드릴게요. 부동산 공부를 해보니 재미는 있는데 사람들이 생각보다 잘 모른다는 게 놀랍고 신기하더라고요. 제 이메일로 연락 주시면 자료 보낼게요."

"정말 감사해요. 좋은 말씀에 좋은 자료까지 어떻게 사례해야 할지."

"그럴 것 없어요. 그냥 나누는데 뭐 이유가 있겠어요?"

12시가 다 되어 귀가한 미영은 씻는 둥 마는 둥 서둘러 식탁에 앉았다. Innocence와의 대화중 머리를 맴돌던 세 가지 단어 중 IMF만 뇌리에 박혔다. 아빠가 전화로 말한 거대한 고래 이야기가 떠올랐다. 둘이 묘하게 겹치면서 IMF도 고래도 미영을 집어삼킬 것 같은 두려움이 닥쳐왔다.

일이 손에 잡히지 않았다. 책을 들면 까만 건 글씨요 하얀 건 종이고, 칼질할 때는 고기와 손을 구분하지 못할 정도였다. 운전대를 잡았다 놓으면 회사에 도착해 있고, 시간과 현실이 따로 노는 것 같았다. 전에 없던 편두통이 찾아왔다. 자신의 과거 결정이 옳다고 믿고 싶었고 확인받고 싶었다. 부동산투자 카페에 들어갔다. 상승이와 하락이가 패를 나누어 싸움이 한창이었다. 9:1의 공세에서 4:6의 수세로 몰린 상승이들의 글들이 활발했다. 미영도 상승이 중의 한 명으로 힘을 더했지만 분위기가 반전되는 느낌이 더욱 강해졌다.

'그래, 그동안 잘 벌었으니 이제는 좀 쉴 때도 된 거야.' Innocence의 말, 아빠의 꿈, 여자의 직감 이 세 가지를 믿어보기로 했다. 남편에게도 모두 이야기했고 그도 흔쾌히 미영의 뜻을 따랐다. 사는 집을 제외한 7채의 집을 처분하기로 했다. 남들보다 한발 빨라서인지 매수자도 금방 나타났다. 하긴 청약 광풍이 여전하고 부동산 우상향 노래가 울려 퍼지고 있었으니 말이다. 부끄러운 일이지만 필명으로 부동산 예찬하는 글을 올렸고 하락이의 글에 악성 댓글도 몇 번 남겼다. 아낌없이 나눠주는 Innocence에 비교하면 치졸하고 치사해 보이지만 그녀에겐 최선이었다. 일곱 채의 집을 매도하고 정산해보니 10억 원의 현금이 남았다. 지난 5년간 저축한 2억은 보너스처럼 느껴졌다.

시가와 처가 식구 모두 모여 소고기 파티를 했다. 미영은 이날만큼은 소갈비를 원 없이 먹었다. 아버지는 감탄을 연발했다. "우리 딸, 대견하다 대견해!" 미영은 괜히 부끄러웠다. '내가 잘해서 돈 번 게 아니고 시기를 잘 만났을 뿐'이라고 차마 말하지 못했다.

두어 달 만에 들른 부동산투자 카페에서는 하락을 점치는 글이 7, 상승을 점치는 글이 3이 되어서 상승에 무게를 둔 사람들이 안쓰러웠다. 그들은 뭔가 치열해 보였다. 그중 상승만 주장하던 까대기가 제일 안되어 보였다. 결국 승자는 미영이었다. 투자 성공으로 환호하는 사람은 많았지만 끝없는 투자의 고리에 현금을 쥔 자는 많지 않았다.

서늘한 바람에 낙엽이 날리는 가을이 오자 흩날리는 낙엽보다 더 많은 플래카드가 거리를 점령했다. 미영이 3억 5천만 원에 처분한 집은 3억 원으로 떨어졌다고 했다. '집을 처분하지 않고 가지고 있었다면……' 하는 생각에 이르자 온몸에서 식은땀이 배어 나왔다. 그러나 미영은 예금 통장 잔액에 찍힌 12억 원, 그리고 다음 꿈인 36억 5천만 원을 생각할 뿐 이미 떠나버린 기차에 더는 미련을 두지 않았다.

# 5장
승태와 혜리 이야기 - 내가 사면 꼭지

~~~~~~~~~~~~~~~~~~~~~~~~~~~~~~~~~~~~~~~~~~~~~~~~

　승태와 혜리는 지방 출신의 신혼부부다. 직장 때문에 서울로 이주
하면서 놀라운 일을 거듭 경험하게 되었다. 서울에 첫발을 내디뎠을
때 가장 먼저 놀란 것은 음식값이었다. 지방에는 돼지갈비 1인분에
2,500원짜리도 많았는데 서울은 1인분이 최소 5,000원이었다. 아직
식욕이 한창인 둘이서 4인분을 시켜 먹어도 고향에서는 12,000원이
면 해결되었는데 서울에 올라오니 물가부터가 달랐다. 2인분은 너
무 쪼잔해보여서 3인분을 시켜서 공깃밥 두 개를 먹고 18,000원이
라는 계산서를 받았다.

"아주머니, 저희 돼지갈비 3인분에 공깃밥 2개면 17,000원 아닌 가요?"

"돼지갈비 3인분, 공깃밥 2개, 된장찌개 하나니까 18,000원이지."

"여기는 된장찌개도 돈을 받나요?"

"고깃집에서 된장찌개 돈 받는 거 몰랐나 봐? 횟집 가면 매운탕 돈 받는 것도 모르겠네?"

"네? 매운탕도 돈을 받는다고요?"

'눈 뜨고도 코 베어 간다'는 서울이라더니 단단히 손해 보는 느낌 이었다. 1.5배의 비용을 지불하고 배라도 불렀으면 모를까, 배불리 먹자니 주머니 사정을 걱정해야 할 형편이었다.

부동산 중개소에 들렀다. 부모님이 주신 돈과 직장생활을 하면서 모은 돈이 2억 원이었다. 지방에서는 34평형 아파트를 사고도 남는 돈이었지만 서울에서는 어림도 없었다. 24평형 아파트를 보러 갔는 데도 턱없이 부족했다. 어쩔 수 없이 서울에서 가까운 경기도로 알 아봤다. 서울에서 멀어질수록 집값은 내려가지만, 직장과 너무 멀어 지면 출퇴근이 어려워 부채를 조금 지더라도 서울 가까운 곳으로 거 주지를 정하기로 했다. 각각 대기업과 공기업에 다니니 벌이는 괜찮 은 편이라서 부채가 그리 부담되진 않았다. 1억 원의 빚을 지고 3억 원짜리 24평형 아파트를 구매했다.

일이 바쁘고 출퇴근에 치이면서 힘든 일상을 보냈다. 여느 때처럼 파김치가 되어 지하철역에서 만나 같이 들어오는 길에 부동산 중개소 앞을 지나치는데, 집값이 4억 원으로 올라 있는 것을 발견했다. 놀랍기만 했다. 이게 무슨 횡재란 말인가. 1년도 채 지나지 않았는데 무려 1억 원이나 오르다니! 지방의 24평형 아파트를 살 수 있을 정도의 돈이 생긴 것이다. 둘은 너무 기뻐 그날 밤 와인으로 축배를 들었다.

3개월 정도 지났을까? 부부는 집값이 4억 5천만 원으로 오른 것을 발견했다.

"승태씨, 3억 원짜리 집이 4억 5천만 원이 되었고, 4억 5천만 원짜리 집은 7억 원이 되었어."

"혜리씨 말처럼 24평형보다 34평형이 오름폭이 훨씬 크네."

"처음부터 조금 무리해서 34평형 샀으면 얼마나 좋았을까?"

"우리 둘 살기에 24평형이면 충분한걸 뭐. 그래도 곧 우리 2세도 태어날 텐데 아깝긴 하다."

태교에 신경 쓸 겨를도 없이 부동산 호가에 눈이 돌아갔다. 부동산 중개소 문을 조심스레 열고 들어갔지만 실장은 여러 손님을 맞느라 새로 온 그들은 안중에도 없었다. 한참을 기다렸다 질문을 할 수 있었다.

"34평형 시세는 얼마나 해요?"

"얼마 전에 7억 원이었는데 집을 팔려는 사람들이 매물을 다 거두어들여서 7억 원에 살 수 있으려나 몰라."

"34평형 매물 나오면 꼭 알려주세요." 둘은 명함을 남겨두고 왔다.

"승태씨, 나 오늘 부동산 중개소 갔다 왔는데 34평형 살려고 해도 팔 사람이 없을 정도인가 봐. 태어날 우리 아이 생각해서 이번에 집 꼭 넓히자."

"그래, 어차피 돈이 돈 번다. 큰 집 사면 분명히 더 많이 오를 거야."

둘의 씀씀이는 점점 커져만 갔다. 마주 앉기만 하면 회사 이야기, 태교 이야기는 늘 뒷전이고 집값 이야기만 했다. 동네를 산책할 때는 다른 곳은 건성으로 지나치고 부동산 중개소 앞만 한참 서성거렸다. 집값은 나날이 올라가고 사고자 하는 아파트는 언제까지 기다려야 하는지 알 수 없었다.

"새댁, 이번에 8억 5천만 원에 매물이 하나 나와서 새댁 생각나서 연락했는데 보러 올래요?"

"실장님 고마워요. 안 그래도 목이 빠지게 기다리고 있었어요."

부부는 고민하지도 않았다. 2년도 안된 사이에 집값이 두 배 가까이 올랐는데 서너 배 오르는 상상은 이미 오래 전에 끝났다. 3억 원에 구매한 집을 5억 원에 처분해야 해서 아쉬웠지만, 새로운 집은 머지않아 10억 원은 거뜬히 넘으리라 생각하니 4억 5천만 원의 빚은 겁나지도 않았다. 5천만 원을 들여서 인테리어도 멋지게 했다. 빚은 5억 원이지만 마냥 즐거웠다. 하지만 행과 불행은 동시에 찾아온다고 했던가. 부동산 중개소를 들를 때 집값이 9억 5천만 원 하는 것을 본 것을 끝으로 10억 원이라는 숫자는 구경조차 할 수 없었다.

도대체 무슨 난리 통인지 세계경기가 좋지 않다는 말이 들려왔다.

승태와 혜리는 그런 건 몰랐다. 오로지 집값이 내려가는 것만 보였다. 둘의 연봉을 합치면 1억 원 가까이 되었다. 금방 부자가 될 줄 착각했던 것일까? 원금은 갚아본 적도 없는데 대출이자로만 돈이 줄줄 새어나갔다. 돈은 하나도 모이지 않았다. 집안 어른들이 보시기에는 아들 며느리 모두 좋은 집에 좋은 직장, 마냥 흐뭇한 부부였다.

하지만 속사정을 들여다보면 너무 달랐다. 출퇴근길에 시달리고, 직장에서 시달리고, 출산하고도 한 달도 채 쉬지 못했다. 너무 서러워 눈물만 났다. 둘을 더욱 절망시킨 것은 6억 원으로 떨어진 집값이었다. 빚만 5억 원인데 순자산(일반적으로 자산의 합계액에서 부채의 합계액을 공제한 잔액)은 1억 원밖에 안된다고 생각하니 나태해질 수 없었다. 죽어라 일하는 수밖에 없었다.

누구보다 더 처절하게 살아서일까. 동기보다 조금 앞서 승진한 것이 그나마 위안이 되었다. 집값이 5억 5천만 원까지 내려왔을 때는 모든 것을 내려놓고 싶었다. 죽어라 일하면 뭐하나, 번 돈은 내려간 집값, 은행이자로 금세 마이너스가 되는데. 집에 대한 모든 미련은 내려두었다. 미친 듯이 일만 하고 씀씀이를 줄이며 빚을 갚아나간 세월이 10년이었다. 고난의 행군이 따로 없었다.

빚도 이제 1억 원밖에 남지 않았다. 마지막 1억 원을 남겨두고 부부는 얼싸안고 울었다. 처음 결혼하고 1억 원의 빚을 지고 신혼 생활을 시작했을 때가 떠올라 더욱 서러웠다. 10년을 죽어라 살았는데 원점이었다. 물론 집은 그때보다 커졌지만 딸린 식구는 두 명 늘어났으니 집에서 부부가 차지하는 공간의 크기는 매한가지였다.

천만다행으로 집값은 9억 원까지 올랐다. 구매한 가격만 생각하면 5천만 원이 올랐지만 인테리어 비용으로 5천만 원이 들어갔으니 본전이었다. 그동안 지불한 이자를 생각하면 집값이 11억 원은 되어야 진짜 본전일 것 같았다.

부동산 경기가 좋지 않다는 뉴스가 연일 공중파를 통해서 전해왔다. 부부는 뼈가 아린 고통을 느꼈다. 바람만 스쳐도 아프다는 통풍의 고통은 아무것도 아니었다. 부동산 가격이 하락할 수 있다는 뉴스가 나올 때마다 비수가 날아와 꽂히는 듯했다. 부부는 마주 앉았다.

"여보, 여기서 집값 내려가면 우리 힘들지 않을까?"

"맞아. 정말 집이라면 지긋지긋해."

"그래서 말인데, 이 집 사려는 사람이 있다는데 팔면 안 될까?"

"팔면 뭐 뾰족한 수라도 있어?"

"알아보니까 우리 사는 집 전세가 5억 원이래. 그래서 팔고 당분간 전세로 살면 좋겠어."

"당신 말에 100% 공감이야. 집값 내려갈 때 어디 하소연할 곳은 없고 마음고생이 얼마나 많았다고."

"나도 말은 못했지만, 집값이야 오를 수도 있겠지만, 떨어질 때 정말 힘들었거든."

부부는 살고 있던 집을 운 좋게 9억 원에 처분하고 5억 원에 전세를 들어갔다. 은행 대출 1억 원을 갚고 3억 원을 예금했다. 집값은 오르고 내리기를 반복해 왔으니 또 기회가 오겠거니 하고 기다렸다. 전세보증보험(전세가격하락으로 전세입자가 집주인에게 보증금을 돌려받지 못할 경우 기관에서 대신 돌려 받을 수 있도록 한 보증상품)까지 들었으니 보증금 떼일 우려도 없고 한동안 둘은 집에 대해서는 아예 생각을 않고 지내기로 했다.

# 6장

강남득의 이야기 - 총성 없는 전쟁터

~~~~~~~~~~~~~~~~~~~~~~~~~~~~~~~~~~~~~~~~~~~~~~~~~

강남득은 팔랑귀가 아니어서 여러 이야기를 듣지만, 신중히 판단하는 사람이다. 논리적으로 이해해야 믿고 추종하는 성향이다.

그와 아내는 부부교사다. 서른 살이 되었을 때 결혼했다. 당시 둘의 종잣돈은 1억 원이었다. IMF 당시 부부 교사는 움직이는 중소기업이라고 할 정도로 사회적 관심을 받았고, 수능 상위권 자들이 교대와 사대에 입학할 만큼 선망의 대상이기도 했다. 말 그대로 과거형이다. 초봉이 180만 원 정도였고 막 결혼했을 무렵 실수령액은 220만 원이었다. 물론 성과급과 상여금을 더하면 월평균 250만 원 정도로 1년에 3,000만 원을 받는 수준이었다.

남득이네는 1년에 6,000만 원을 벌지만 둘이 버니 소비도 남들의 두 배로, 양육비며 씀씀이가 홑벌이 가정보다 클 수밖에 없었다. 둘은 열심히 아끼고 절약하며 생활했다. 고가의 명품백은 하나 정도로 만족할 줄도 알았고 대형차보다는 실속형의 중형차를 이용했다. 한 사람 월급은 고스란히 모일 줄 알았는데 현실은 1년에 1500만 원을 저축하기에도 빠듯했다. 어디로 돈이 다 새는지 알 수 없었다.

부동산 열풍이 한창이던 2006~2007년에는 어떤 모임에 가든 온통 부동산 이야기로 가득했다.

"선배, 뭘 하고 살아야 잘했다고 소문날까요?"

"우리 띠동갑 후배님~, 선배가 살면서 잘한 게 딱 하나 있다면 집을 사 모은 거밖에 없는 것 같아."

"선배 집이 3채라고 들었는데, 도대체 3채나 산 이유가 뭐예요?"

"나 처음 발령 났던 80년대 중반 무렵 월급이 얼마였는지 아니?"

"지금 400만 원 정도 받으시니까, 20년 전이니까 150만 원?"

"그때 당시 4년제 대학 나와서 대기업 들어간 친구들이 월급이 100만 원 정도 받은 거 같은데 내 월급이 30만 원이었어. 월급을 30만 원 받아서 정말 알뜰하게 살았거든. 물론 나도 부부 교사여서 합계 수입 60만 원, 그래도 대기업 다니면서 홑벌이하는 친구는 100만 원. 비교 자체가 안 되는 공무원 수입이지! 지금에 와서야 '연금이 불공평하다'라고 말들 많지만, 그 시절 감내하며 살았던 거 생각하면 연금에 관해서 욕하는 사람들이 너무하기도 해."

"선배는 지금 퇴직해도 연금 나오지만, 전 65세나 되어야 나오니까 연금 때문에 같이 욕 먹는 건 좀 억울해요."

"그래, 그 심정 이해해. 우리가 연금 부분에 있어서 좀 축복받은 세대지. 10년 전만 해도 은행이자가 10% 정도 되면 2억 원 정도 일시금 받아서 은행에 넣고 이자 받아서 살아가나 연금 200만 원을 받으나 별 차이 없었지만, 이자율은 자꾸만 떨어지니 목돈 가지고 있던 사람은 연금 받는 사람이 부러울 수밖에 없겠지."

"예전 월급, 연금 이야기하려는 건 아니죠? 왜 집을 사셨냐고요."

"그게 다 관계가 있으니까 그렇지. 나 발령 나고 7~8년 정도 있고 난 뒤의 90년대 초반이었던가? 산업은 호황이고 공단 인근에 2억 원 정도 하는 다가구 주택 2~3층짜리 하나만 있어도 한 달에 월세를 100만 원 넘게 받더라고. 연금은 비교도 안 되겠다 싶더라. 그때 투룸 같은 집 구하면 월세가 30만 원 정도였는데 집 구하기가 얼마나 힘들었다고. 월급으로는 미래가 없어 보이던 시절이었어. 여자 동기들이야 고만고만하게 학교생활 꾸려나갔지만 남자 동기들은 틈만 나면 다른 일을 꿈꾸곤 했어. 학교에 남아 있는 게 무능하다는 말을 들을 정도였지. 오죽했으면 당장 때려치고 택시기사를 해도 이보다 낫겠다고 했겠어. 실제 수입도 그랬을 거야."

"집을 사게 된 이야기 해달라니까 왜 자꾸 다른 데로 새시냐고요!"

"찬찬히 들어봐! 다 관계가 있으니까 하는 이야기야. 남편도 사업

한답시고 얼마나 나가고 싶어 했다고. 사정사정해서 겨우 주저앉혀 났는데 그럴수록 남편의 딴생각은 끊이지가 않더라고. 부모님이 주신 돈, 알뜰살뜰하게 모아온 돈인데 잘못하면 쫄딱 망하는 거잖아. 물론 외유해서 성공한 선배들은 우리 같은 교사들과 비교도 안 되게 호사를 누렸지만 잘 안 풀린 선배들 이야기도 가끔 들려왔어. 100% 성공한다는 보장이 없는 사업으로 나서려는 남편을 붙들 수밖에 없었지."

"아, 사업 이야기까지. ㅠㅠ. 이제는 집 이야기 해주실 거죠?"

"남편이 사업하려는 욕심에 아껴놓은 돈, 잘못하면 탕진하겠다 싶었어. 얼마 안 있어 IMF 터졌지, 퇴직 후 잘나갔던 선배들이 망해서 막노동꾼을 전전하던 이야기까지 들려오니까 정말 남편 다리몽둥이라도 부러뜨려서 주저앉혀야겠다는 생각이 더 간절해지더라고. 그래서 내가 목돈을 탕진해버리기로 했지."

"선배가요? 씀씀이도 엄청 적고 밥도 잘 안 사주는 선배가 정말 그랬다고요?"

"IMF 터지고 집들이 경매로 쏟아져 나오는데, 어휴 말도 마. 집 없어서 단칸방에 사는 사람들도 많았는데 어디서 그렇게 많은 집이 나온 건지. 게다가 집값은 또 얼마나 떨어졌다고. 거기에 발맞춰 우리나라 인구는 계속 늘어나는 거야. 물론 한 반에 학생이 80명, 70명이었던 옛날에 비하면 40~50명 정도인 학급 학생 수가 많이 줄었다고 할지 몰라도, 어쨌든 인구는 계속 늘고 있으니 집도 더 필요할 거라 생각해서 사게 된 거야."

"지금은 한 반에 30명도 안되니까 그때는 정말 많긴 많았어요."

"맞아. 그래도 전체 인구수는 늘고 있잖아, 인구수뿐 아니라 가구 수도 늘어. 그러니 남득이 너도 집을 사라는 거야. IMF 때 사둔 집 두 채가 얼마나 효자인지, 거기서 나오는 월세로 애들 두 명 공부 다 시켰다니까."

"선배가 운이 좋은 경우 같네요. 남들이 망해서 판 집을 싼값에 샀 으니 부러워요."

"정말 그런 것 같아. 운이 얼마나 따르던지, 집을 사면 거기서 나 오는 월세만 생각했는데 집값 자체는 또 얼마나 올랐다고? 그러니 까 집 사라는 거야."

"선배 고마워요. 선배 아니면 이런 이야기 누가 해주겠어요. 그러 니까 밥도 선배가 사요. 나라 사랑 선배 사랑!"

재테크에 성공한 선배들의 조언을 들으며 결혼 후 얼마 되지 않 아 대출을 조금 내어 1억 4천만 원짜리 아파트를 샀다. 그러나 과거 의 영광은 다시 찾아오지 않았다. 1억 4천만 원에 구매한 집은 생각 보다 살기에 적당하지 않았다. 지은 지 5년밖에 안되었는데도 최상 층이라서 더위와 추위에 약했다. 자재가 싸구려인지 시공이 설계대 로 되지 않아선지 외풍은 또 얼마나 심한지. 당연히 집이 마음에 들 리 없었다. 게다가 금방 2억 원이 될 것 같은 들뜬 마음과는 달리 집값은 답보상태였다. 답답한 마음에 집을 처분할까 했지만 경제 상황이 좋지 않아서인지 빨리 나가지 않았다. 하지만 천운이었는지 층간 소음에 고통 받던 구매자가 나타나 세금을 제하면 겨우 손해나 면할 정도인 1억 4천 500만 원에 집을 매매했다.

집을 처분하려는 가장 큰 이유는 공무원 임대주택의 조건이 매우 만족스러웠기 때문이다. 8,000만 원의 전세보증금으로 34평형 아파트 입주가 가능했다. 깔고 앉아 있는 집에 돈을 많이 넣어놔선 뭐하겠는가. 남은 6,500만 원은 저축했다. 이자율은 5%였다. 화려하게 집값이 오르던 시절에 비하면 1년에 300만 원 좀 넘는 이자 수익은 조족지혈일지 모르지만, 한 달 동안 고생해서 버는 월급보다 큰돈이 덤으로 들어오는 게 나쁘진 않았다. 남득은 이자와 복리의 마법을 알아버렸다. 때마침 집값도 떨어지는 추세였기에 얼떨결에 리밸런싱을 감행한 것이었다.

3~4년이나 흘렀을까. 집값은 바닥을 치고 남득이 구매했다가 판 집은 1억 1천만 원까지 떨어져 있었다. 속으로 쾌재를 부르던 무렵, 집을 사라던 선배를 다시 만나게 되었다.

"남득아, 잘 지내?"

"선배는요?"

"잘 지내지. 안 그래도 이번에 집을 한 채 더 사려고. 아끼고 저축해서 돈만 모아놓으면 자꾸 집값이 싸지더라. 그래서 한 채 사려고 알아보러 다니는 중이야."

"선배는 정말 용해요! 무슨 경제 공부라도 하세요?"

"왜? 성공비법 알려줄까?"

"그것보다 전에! 선배가 사라고 해서 샀을 때 집 안 팔고 나왔으면 망할 뻔했어요. 그때보다 집값이 무려 30%나 떨어졌다고요! 선배만 재미 보고 배 아파요."

"어휴, 내가 못 살아! 집은 파는 게 아니라 모으는 거야. 하긴 부동산 불패론 이야기하면서 집 사라고 내가 이야기 많이 하고 다녔지. IMF로 추락했던 집값 다시 오르는 거 봤지? 이번에 집값 내려가도 네가 그때 판 아파트 몇 년 안에 2억 3천만 원으로 오른다는 것에 한 표 던질게."

"저는 화끈하게 오르고 화끈하게 떨어지는 집값이 하나도 납득 안 되고, 간이 작아서 못 사겠어요."

"하긴 나도 IMF 전에 집 샀으면 마음고생 꽤나 했을 거야. 솔직히 나 경제 잘 몰라. 너 말대로 그냥 운이 좋았던 것 같아. 어쨌든 손해는 안 보니까 계속 사 모으는 거지. 그러지 말고 내 말 듣고 집 사라, 응?"

"저도 그러고 싶은데 제 논리로는 집값이 상승하기 어려울 거 같아서 좀 참아볼래요. 나중에 집 사기 전에 선배에게 연락할게요."

"너 고집도 참 어지간하다. 예전엔 선배 말이라면 넙죽 엎드리더니 좀 컸다 이거지?"

시간이 지날수록 집값은 슬금슬금 오르고 이자율은 떨어졌다. 어느덧 결혼 10년 차가 되었다. 한 명의 일 년 실수령액은 4,200만 원, 둘이 합치면 8,400만 원으로 늘었지만 일 년에 모을 수 있는 돈은 2,000만 원의 저축이 전부였다. 소득이 없는 부모님께 용돈도 드려야 했고, 각자의 생활반경이 커지면서 차도 두 대 굴려야 했고, 아이들이 커가면서 교육비 지출도 늘려야 했기 때문이다. 결혼 초기만 해도 10년 후면 1년에 3,000만 원은 저축이 가능할 거라고 예상했는데, 계획대로 되지 않았다. 그래도 남득이네는 남들보다 차의 급도 조금 낮추고 교육비 지출도 줄였기에 이 정도 저축이 가능했다. 씀씀이가 큰 동료들은 돈을 모으기는커녕 현상 유지에 급급하다고 한숨을 내쉬었다.

운 좋게 8년이나 공무원 임대주택에 머무를 수 있었지만, 떠나야 할 날이 다가오고 있었다. 종잣돈은 3억 5천만 원으로 불어나 있었다. 전에 샀다 판 아파트는 2억 3천 5백만 원 정도인 것 같았다.

'젠장, 선배는 정말 귀신이다.' 남은 돈을 예금으로 돌리고 저축을 늘려나가며 돈을 모았기에 집값 상승분(9,000만 원)과 그간 발생한 이자수익(4,000만 원)을 비교해보면 10년간 집을 포기하고 5,000여만 원을 손해 본 것 같았다. 하지만 남득의 셈법은 복잡해졌다. '혹시라도 집값이 내려가면 어떡하지?' '과연 집을 사는 것이 이익일까?' '그냥 살만한 전셋집을 구하는 게 나을까?' 머리가 아파왔다. '알뜰살뜰 성실하게 살아온 게 잘못인가, 비정상적으로 올라버린 집값이 잘못인가?' 누구의 탓도 할 수 없었다.

다음날부터 경제에 관심을 가졌다. 우리나라의 부동산 흐름, 경제 흐름, 주식시세의 흐름 무엇 하나 쉬운 것이 없었다. 자료를 구할 곳도 없었다. 그저 오른다 내린다는 찬티와 안티의 각박한 신경전이 오갈 뿐이었다.

"따르릉~"

"선배! 저 부동산 좀 알려주세요. 경제에 관심을 가지려고 해도 알 수가 없네요."

"남득아, 다짜고짜 전화해서 부동산 알려달라니 너 아직 집 안 샀구나?"

"네, 아직이에요. 저를 납득시켜 줄 사람은 선배밖에 없어요. 제가 사면 내려가고 선배가 사면 오르니 선배가 제일 고수 같아요."

"너 부동산투자 카페 아니? 나 요즘 심심하면 거기서 취미생활 하잖아. 아침마다 커피 사진이랑 좋은 글귀 모아 올리고 댓글 감상하는 재미로 살아. 거기 가면 부동산 관련 정보도 많이 구할 수 있을 거야. 거기 글 좀 읽어보고 이야기하자. 나 일이 있어서 이만 끊을게."

"네! 다음에 밥도 사고 이야기도 해주세요!"

선배가 알려준 부동산투자 카페는 정보의 보고였다. 하루에도 너무 많은 글이 올라와서 틈틈이 확인해도 다 읽기도 전에 새로운 글들이 쌓여갔다. 하지만 너무 혼란스러웠다. 남득을 혼란케 하는 몇 개의 글을 살펴봤다. 카페 게시판에 부동산 상승론자들이 즐겨 쓰는 말이라며 모아놓은 글들을 읽어보니 집을 사지 않는 사람은 불쌍한 바보 같았다. 당장이라도 집을 사야만 할 것 같았다.

놀라워요*^^*
실거주는 무조건 지금이 최적기다.
내 집 한 채는 꼭 있어야 한다.
부채도 자산이다.
빚 없이 집 사는 사람 요새 누가 있어요?
계약 망설이는 사람에게- 하지 마세요. 제발요 대기 중인 1인.
텐까흥
신중하자는 글에-하락 레전드, 후대인, 웃고 갑니다. 하락이가 부동산투자 카페
는 왜 오시나요?
평생 기다리시면 한번은 기회가 올 듯
현금 가치가 떨어진다.
웃고 갑니다.
구축이라도 잡으세요.
엉덩이 무거운 사람이 무조건 돈 벌더라.
네이버 거래 완료 물건 올리기.
다른 지역에서 버스 타고 아파트 쇼핑 온다더라.
어디 어디 물건 비싸게 팔렸다더라. 조만간에 실거래가 등록될 거라더라.

다른 글을 읽어보니 집을 사는 것이 능사는 아니라는 생각도 들었다.

지레의 원리를 발견한 아르키메데스는 사람들에게 지레의 원리를 설명하기 위해
"나에게 설 땅과 충분히 긴 지렛대를 준다면 이 지구도 움직여 보이겠다"라는 말
을 했다.
갭투자 갭투자 갭투자 무한히 가능할 것 같았던 지렛대의 효과. 금세라도 부동산
재벌 세계로 인도하는 듯했다.

상승론자와 하락론자의 힘겨루기가 보통이 아니었다. 어느 장단에 맞춰 춤을 춰야 할지 모르겠다. 서로의 입을 틀어막기에 혈안이었다. 그 가운데 두 진영을 동시에 비꼬는 글도 보였다.

남득은 누구에게도 설득당하지 않았다. 상승론자와 하락론자의 평행이론만 존재할 뿐 그 누구도 납득할 만한 이야기를 들려주지 못했다.

그나마 믿을 만한 자료는 국책기관 등에서 발행하는 연구보고서였다. 기관지를 읽고 분석해보니 집값은 오를 만큼 올랐고 부채는 늘어날 만큼 늘어났고 나라의 경제 상황도 당장에 좋아 보이지 않았다. 수많은 자료를 훑었다가 마지막 자료 두 개를 보는 순간 결심했다. 출산율이 낮아지고 가계 부채가 너무 많은 지금은 집을 살 때가 아니라고 말이다.

〈2018년 합계출산율 및 출생아 수〉

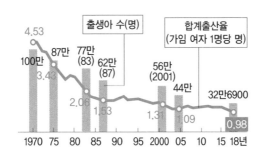

자료: 통계청 | 출처: 국민일보 2019년 2월 27일자

〈가계신용 동향〉

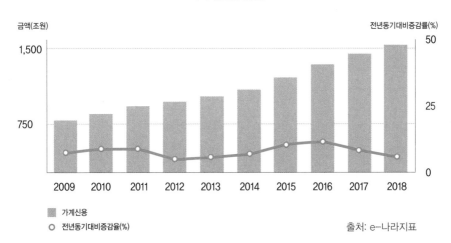

■ 가계신용
○ 전년동기대비증감율(%)

출처: e-나라지표

물론 남득이 봤던 자료들에서 얻은 결과가 맞을 수도 틀릴 수도 있다. 하지만 경기 흐름에 따라 집값은 오를 수도 내릴 수도 있다는 생각이 들었다. 과거 같은 위기가 찾아오면 항상 현금이 현물을 앞섰고, 경기 확장기라면 현금보다 현물을 보유하는 것이 유리하다고 판단했다. 앞으로는 현물보다는 현금이라는 판단을 내렸다.

무엇보다 남득의 결심을 굳히게 만든 것은 정부의 굳건한 의지였다. 집값을 안정화하기 위해서 노력하는 정부의 일관된 정책을 믿었다. 부동산 투자자들은 정부 정책을 비웃고 곧 있으면 다가올 레임덕을 거론하며 재차 투자를 강행하려 했다. 남득은 보았다. 철옹성 같던 사립유치원도 정부에 두 손 두 발 다 드는 모습을.

그간 모아둔 3억 5천만 원의 자산 중 일부를 새로운 전세를 구하는 데 쓰고 나머지는 다시 예금했다. 그러면서 남득은 자신에게 물었다.

'지금 하는 것이 올바른 자산의 리밸런싱일까?'

'선배처럼 내게도 좋은 기회가 올까?'

문득 선배 목소리가 그리워졌다. 무려 1년 동안 부동산을 공부하느라 도낏자루 썩는 줄 몰랐다. 선배의 판단을 들어보기로 했다.

"선배 잘 지내시죠?"

"우리 남득이도 잘 지냈지? 또 부동산 때문에 전화했니? 너는 꼭 필요할 때만 찾더라."

"저 선배 짱 좋아하는 거 알면서 시작부터 구박이시네, 하하."

"우리 만나서 이야기 좀 할까? 안 그래도 전해줄 것도 있고 해서."

"좋아요. 선배가 만나자고 했으니까 선배가 밥 사기에요. 밥 사는 수고로움을 덜어드리기 위해 메뉴는 제가 골라드릴게요."

선배는 남득에게 청첩장을 내밀었다. 벌써 첫째가 결혼하게 된 것이었다. 선배는 결혼해서 서울로 가는 자식에 대해 이야기하다가 서운하다며 눈물을 살짝 비쳤지만 이내 현실로 돌아왔다. 서울에 집을 사주고 싶었지만 너무 비싸서 사주지는 못하고 집을 팔아 전세를 구해준다고 했다. 그날 선배가 사준 밥은 유난히 맛있었다.

'선배도 집값이 너무 비싸다고 판단하고 있구나.'

같은 판단을 내렸다고 생각하니 흐뭇했다. 선배는 경제를 모른다고 했지만 이 바닥은 돈을 벌어야 고수 소리를 듣는다. 선배는 정말 고수였다. 그것도 리밸런싱의 고수.

'다음에 선배가 집을 살 때 따라서 사야지.' 생각하면서 작별의 손을 흔들었다.

# 7장
팔팔이 이야기 1 - 우울한 삶

~~~~~~~~~~~~~~~~~~~~~~~~~~~~~~~~~~~~~~~~~~~~~~~~~~~~

팔팔이는 30대를 갓 넘긴 남자다. 그의 부모님은 중산층의 전형이다. 1998년 IMF를 모질게 겪을 만도 했으나, 꾸준한 저축으로 종잣돈을 마련하셨기에 다들 힘들 때에 기회를 잡았던 것이다.

30평형대 아파트값도 적당했다. 브랜드 아파트는 평당 500만 원, 브랜드 파워가 좀 약한 아파트는 300만 원이었으니. 30평형대 브랜드 아파트를 선뜻 1억 원이 조금 넘는 돈으로 살 수 있었다. 새 아파트에서의 삶은 쾌적하기가 이루 말할 수 없었다. 사글세 단칸방을 전전하다 작은 전셋집에서 각자 방 하나 가진 것만으로도 행복했는데 아파트라니! 팔팔이 엄마는 당연히 좋았지만 어딘가 개운치 않았다. 은행 이자가 15%를 넘던 시절이었으니. 돈은 쓰는 것보다 모으는 게 맛이라고 하지 않았던가.

새 아파트에서 유년기를 맞이한 팔팔이는 이전의 사글셋집에 대한 기억은 완전히 잊었다. 부모님도 세월이 흘러 분양권에 당첨되어 같은 평형이지만 신축으로 갈 수 있었으니 이 또한 성공 아니겠는가. 평생 새집에서 살 수 있으리라는 뿌듯함도 가졌다. 돈이 돈을 벌고 집이 집을 키웠다.

하지만 팔팔이는 부모님의 성공과는 반대로 가는 느낌이었다. 우석훈의 〈88만 원 세대〉를 읽을 때만 해도 저자를 비웃었다. 아니, 책에 등장하는 인물들을 비웃었다. '어지간히 못난 사람들이 많군.' 팔팔이는 88만 원 세대는 아니지만 비정규직의 삶을 벗어나지 못하고 있었다. 시간의 흐름에 따라 돈의 금액만 조금 커졌을 뿐 88만 원 세대의 굴레를 그대로 답습하고 있었다.

3포 세대, 5포 세대, 7포 세대라지만 희망이 생겼다. 사랑하는 사람이 생긴 것이었다. 모아놓은 돈이 없어서 부모님 지갑을 호시탐탐 노렸다. 부모님도 자식이 안타까운지 선뜻 2억 원이라는 거금을 내어놓았다. 자식 교육시키는 틈틈이 허리띠를 졸라매어 20년 동안 모은 전 재산이나 다름없는 돈이었다.

어깨에 힘이 잔뜩 들어간 팔팔이는 부동산 공부를 하려고 부동산 투자 카페에도 가입했다. 헉! 프리미엄 카페는 회원 수가 70만 명이 넘었다. 부동산에 무지했던 자신을 다시금 되돌아보았다. 인터넷이며 정보며 누구에게도 뒤지지 않는다고 생각했는데 이런 좋은 카페를 뒤늦게 발견하다니! 하지만 늦었다고 생각할 때가 가장 빠른 법. 폭풍검색을 시작했다. 가격 상승을 알리는 글들이 눈앞에 팽글팽글 날아다녔다. 4억 원, 5억 원, 7억 원. 금세 좌절의 시작이었다. 자기 주머니의 돈이 돈으로 보이지 않았다. 직장부터 삐끗대더니 이젠 집까지 말썽이다. 팔팔이는 모든 게 원망스러웠다.

'그래도 솟아날 구멍이 있겠지?'

길을 가다 전봇대에 붙은 경매 전단지를 발견했다. 34평형이 2억 3,000만 원이란다. 희망이 생겼다. 조금만 더 모으면 될 것 같았다. 광고지에 적힌 전화번호를 눌렀다.

"정말 2억 3,000만 원이면 집 살 수 있나요? 원래 3억 원은 넘는 거 같던데 대박이네요!"

"2억 3,000만 원에 살 수 있는 게 아니고 경매에 입찰해서 사야 합니다. 자세히 보시면 작은 글씨로 최저입찰가(법원이 지정한 최저 입찰금액을 최저매각가격이라 하고, 경매에 참여한 사람의 입장에서는 최저입찰가)라고 쓰여 있어요."

"그러면 2억 5천만 원 정도면 될까요?"

"장난하지 마세요. 전화 끊습니다."

또다시 부동산 투자카페에서 폭풍검색을 시작했다. 경매 낙찰가는 거의 99%에 육박하며 오히려 100%를 넘을 수 있다는 사실을 알고

선 역시 세상에 공짜는 없다고 생각했다. 발품을 팔아 인근 부동산 중개소를 찾아갔다.

"여기는 집값이 4~5억 원인데 그 돈 가지고 살려면 \*\*동네로 가 봐요. 내가 잘 아는 중개소 소개해줄게요."

그곳에서 소개 받은 집은 지은 지 30년이 되어가는 아파트였다. 팔팔이가 처음 살던 아파트보다 더 오래된, 심지어 팔팔이와 나이도 비슷했다. 가격은 적당했다. 어느 정도 수리하면 살만할 것 같았지만 서글픈 마음은 어쩔 수 없었다.

여자친구를 만나러 갔다.

"자기야, 내가 딱 좋은 집 찾아났어. 우리 거기 구경 갈래?"

"어머, 자기 최고야!"

버스를 타고 갔다. 수많은 브랜드 아파트들이 스쳐 지나갔다. 여자친구가 물었다.

"자기야, 우리 이쯤에서 내려야 하는 거 아냐?"

"아니, 조금만 더 기다려 봐."

버스는 한참을 더 달렸다. 그렇게 한참을 달리고 나서야 내린 곳에서 한동안 둘은 말이 없었다. 그들은 집을 보는 둥 마는 둥 살펴고서는 서둘러 그곳을 떠났다. 밤에 혼자 누운 팔팔이는 정적을 견디지 못하고 여자친구에게 전화를 걸었다. 뚜뚜뚜 신호음만 길게 울렸다.

# 8장

## 금미 이야기 1 - 빛나지 않는 금

~~~~~~~~~~~~~~~~~~~~~~~~~~~~~~~~~~~~~~~~~~

금미는 항상 가난했다. 부모님은 눈코 뜰 새 없이 바쁘게 일하셨는데도 가난했다. 부모님 얼굴 볼 시간도 없었다. '부모님의 사랑이 뭐지? 나는 왜 항상 혼자 있어야 해?' 보통의 가정을 늘 동경하며 자라온 금미는 누구보다 열심히 살았다. 곁눈질 한번 하지 않고 앞만 보며 달려왔다. 30대 초반에 부모님께 집을 한 채 사드리는 성공신화를 그릴 정도였다. '돈이 돈을 버는 더러운 세상. 집이 돈을 버는 세상. 누구보다 번듯한 집을 살 거야.' 이를 바득바득 간 금미의 독기가 통한 것이다.

부모님 집을 사드린 후 갑자기 동력을 잃었다. '이제 뭘 바라고 살아가지?' 그때 나타난 남자가 팔팔이였다. 독기어린 눈빛으로 세상을 바라보는 금미와 달리 팔팔이는 느긋해 보였다. 부모님의 사랑을 듬뿍 받으며 자라서인지 사랑도 베풀 줄 알았다. 경제력이 좀 부족하고 연하인 게 좀 부담이었지만 그가 싫지 않았다. 부족한 부분을 자신이 메우며 살면 될 거 같았다.

그러나 그와 집을 보고 온 후 생각이 변했다. 일찍 결혼한 친구들은 청약받은 집으로 이미 자산을 어느 정도 이룬 상태였다. 금미는 부모님의 삶을 답습해 나가는 게 아닌가 문득 두려워졌다.

전화벨이 울렸다. 액정에 뜬 이름 '팔팔 씨'를 본 금미는 선뜻 전화를 받으려 하지 않았다. 다음 날 아침 그의 문자를 봤지만 답하기 망설여졌다. 결국 그녀는 문자로 이별을 고했다. '미안해요. 남들처럼 번듯하게 시작하고 싶어요. 좋은 사람 만나세요.' 그렇게 사랑은 저만치 멀어져 가고, 집에 대한 한 가족의 수요는 사라졌으며, 팔팔이는 캥거루족으로 남게 되었다.

# 9장
## 팔팔이 이야기 2 - 성공의 문턱

팔팔이는 오늘도 기운이 없다. 어제도 그랬다. 살아도 산 것이 아니고 겨우 숨만 붙어 있는 듯했다.

"이놈아, 기운차게 살아가라고 이름도 팔팔이라고 지어줬더니 꼴이 그게 뭐냐. 나이도 꽉 찼고 2억 원의 돈도 너한테 주려고 마련한 거니 이제 독립해 나가서 혼자 살아봐라."

팔팔이는 2억 원의 돈을 받아들고 어디로 가야 할지 한참을 망설였다. 얼마 전까지만 해도 이 돈이 많아보였는데 지금은 한없이 부족해 보이기만 했다.

보증금 500만 원에 월세 30만 원짜리 원룸을 구한 팔팔이는 투자할 만한 곳이 없나 하고 부동산투자 카페에 들어갔다가 믿기 힘든 광경을 목격했다. 날마다 수익률을 인증하느라 바빴다. 바로 비트코인이었다. '저렇게 쉽게 돈을 벌 수 있다고? 비트코인이 500만 원이라니 미친 거 아니야?' 음란사이트 결제, 마약 거래 등에 이용된다는 이야기는 들어봤지만 눈에 보이지도 않는 코인 하나에 500만 원이라니 대수롭지 않게 생각하고 넘겼다.

며칠 지나자 700만 원이었다. '아! 500만 원일 때 살 걸.' 후회가 밀려왔다. 500만 원이었던 걸 생각하니 선뜻 살 수 없었다. 우선 빗썸에 회원가입을 해뒀다. 900만 원이 되었다. '뭐야 이놈은?' 내리는 날을 본 적 없는 것 같았다. 비트코인이 1,000만 원을 찍던 날 팔팔이는 5,000만 원이라는 거금을 투자했다.

그날부터 제대로 자본 적이 없었다. 그런데도 피곤하지 않고 각성 상태로 마냥 행복했다. 순식간에 1,300만 원으로 올랐기 때문이다. 비트코인이 1,500만 원을 가던 날 망설임 없이 1억 원을 추가로 투입했다. 초기 투자금 5,000만 원이 7,500만 원이 되었는데 왜 투자를 망설이랴? 외국 전문가란 사람이 4,000만 원은 갈 거라고 했다. '헉, 4,000만 원!

제대로 된 잠을 잔 적이 언젠지 기억도 안 나지만 왠지 모르게 팔팔했다. 비트코인이 2,000만 원 하던 날은 흥분되어 잠을 이룰 수 없을 정도였다. 1억 5천만 원 원금이 2억 3,000만 원이 되어 있었다.

각종 언론에서는 비트코인의 위험성을 알리기에 바빴지만, 새로운 투자수단으로 각광 받고 있기에 옹호론도 만만치 않았다. 팔팔이는 흥분했다. 왜 젊은이들의 계층 사다리를 걷어차려고 하는 건지, 정부가 미웠다. 미움보다는 오히려 분노에 가까웠다. 하지만 마음속에서 일어나는 분노보다 의심이 똬리를 틀었으니 그 의심이 커지는 데는 시간이 얼마 걸리지 않았다. 비트코인을 처분했다. 비트코인을 처분한 2억 5천만 원과 5,000만 원의 예비금이 남았다.

불과 얼마 전까지 2억 원의 자산이 열흘도 지나지 않아 3억 원으로 불어나 있었다. 자신감이 샘솟았다. 지금껏 주눅 들어 살아왔던 삶에 한 줄기 빛이 비치고 있었다. '부모세대가 이룩한 부를 넘어서지 못하는 것이 지금의 세대'라는 말에 코웃음도 쳤다. '이제 이쯤에서 그만둘까'라는 생각은 약쟁이가 약을 끊기보다 더 힘들었다. 며칠 전 업비트에 가입해두길 잘했다.

알트코인(비트코인을 제외한 모든 가상화폐를 일컫는 용어) 대박 열풍에도 묻어갈 기회가 있었다. 10배, 20배씩 뛰어오른 알트코인을 보고 '그래! 싼 걸 사면 대박 많이 오를 거야'라는 환상을 가졌다. 때마침 리플이 눈에 들어왔다. 홈페이지를 찾아가 보니 리플에 대한 환상적인 기능이 미래를 지배할 것 같았다. 리플은 30층까지 올라갔다. '아! 3,000원이란 말이다.' 3,000원에 3억 원 치를 구매했다. 30억 원만 되면 그만해야지! 비트코인이 1개에 2,000만 원인데 리플 3,000원 짜리는 3만 원만 가도 된다는 생각을 하게 되었다. 4,500원을 넘어서던 리플, 4억 5천만 원을 향해가던 자산. 팔팔이는 주위의 우려 섞인 경고에도 아랑곳하지 않았다.

TV에서는 유시민과 정재승이 '비트코인, 거품인가 미래과학기술인가'로 토론을 벌였다. 대다수 사람의 눈에는 유시민의 압승으로 보였지만 돈맛을 본 팔팔이에게는 전혀 그렇지 않았다. 비트코인은 거품이고 효용이 없다는 말보다는 정재승인지 박재승인지의 말이 내 귀에 캔디처럼 너무나 달콤하게 들렸다.

며칠 후 45층이던 리플의 가격은 하락했다. 본전인 30층도 무너지고 그 아래층들도 차례로 무너졌다. 믿음으로 쌓아 올린 리플이라는 거대한 탑은 모래성으로 드러났다. 현재 가격은 600원 정도인 것 같았다. 작년 이맘때는 200원이었으니 3배가 오른 셈이지만 팔팔이에게는 아니었다. 3,000원짜리가 600원이 되었으니 3억이었던 자산은 6,000만 원으로 쪼그라들었다.

자도 자도 피곤했다. 식욕도 없고 의욕도 없고 자신감도 없고 팔팔이는 비실거리기만 했다. 머릿속에는 자꾸 맴돌았다. 리플이 45층을 찍던 그 날이. '아! 그날 팔고 번듯한 아파트 한 채를 샀더라면!' 후회가 메아리치듯 반복되었다. 하지만 언제나 그렇듯 후회는 항상 늦은 법이다.

# 10장

금미 이야기 2 - 한 몸 누일 곳

~~~~~~~~~~~~~~~~~~~~~~~~~~~~~~~~~~~~~~~~~~~~~~~~~~~~~~~~~~~~~~~~~~~~~~~~~~~~~~~

요새 심란한 금미는 허한 마음을 달래려 샤넬 백을 하나 샀다. 처음 명품을 살 때의 기쁘고 충만한 느낌은 이제 없어서 마음이 채워지지 않았다. 뭔가 모를 외로움에 휴대전화를 켜고 친구의 번호를 찾아보지만, 일만 하고 사느라 선뜻 누를 수 있는 번호가 없었다. 그나마 친한 친구들도 애 키우느라 바빠 연락하기도 미안했다. 아무것도 하지 않는 시간이 괴로웠다. 아니 아무것도 하지 않는 가운데 생각이 끊이지 않고 일어나는 것이 괴로웠다. '나는 그냥 이대로 늙어가는 것일까? 일은 해서 뭐하나……'

팔팔이와 헤어진 이후로 시간이 더욱 더디게 갔다. 부동산투자 카페 게시판에 조심스럽게 글을 썼다.

> 주위에 노처녀가 4명 있어요. 거의 40대 후반 50대 초반이에요. 그들은 직장인이고 일 년에 한두 번 여행 다니며, 혼자 쇼핑하고 옷 사고 영화 보러 다녀요. 결혼에 대해 물어보니 다들 결혼이란 단어를 생각하면 답답하대요. 독박 살림에 시댁까지 챙겨야 하고 자기 사생활은 줄어드는 등등이 너무 싫다면서요. 그래서 지금 이대로가 좋다고 합니다. 그런데 결혼하지 않고 60대, 70대가 되면 후회하지 않을까요?

'저 노처녀인데요'라고 쓰려다가 너무 없어 보여서 여럿을 같이 묶는 전략을 택했다. 댓글 하나에 울고 웃는 자기 모습이 서글펐다. 해도 후회 안 해도 후회, 누군가는 해야 한다고 하고 누군가는 기를 쓰고 말리고. '난 어떻게 해야 하지?' 집으로 돌아오면 가족의 따뜻한 위로와 격려는커녕 엄마의 잔소리가 시작되었다.

"나이를 먹었으면 시집을 가야지. 내 친구들은 한참 전에 할머니 됐다고 시원섭섭해하는데 나는 떡두꺼비 같은 손주 한번 안아보지도 못하고, 아이고 내 팔자야!"

더 심란했던 금미는 그길로 집을 나섰다. 어지러이 나붙은 전단지 속에서 오피스텔(주 용도가 업무시설이며 업무공간이 50% 이상이고 주거공간이 50% 미만인 건축물)이라는 단어가 눈에 들어왔다.

# 11장

이지영 이야기 - 갈 곳 없는 바람

병원에서 일하는 이지영은 아들 둘을 둔 기혼 여성이다. 친구들이 하나둘 결혼을 서두를 무렵 지영도 결혼을 했다. 잘나가는 친구 못 나가는 친구 각양각색이었지만, 다 같은 친구라고 믿었다. 하지만 그들의 삶이 그렇게 천차만별인지는 지영 자신이 결혼을 하고 가정을 꾸리고서야 알게 되었다.

이전까지는 그저 삶을 즐기고, 좋아하는 사람 만나서 결혼하면 남들 못지않게 살거라 생각했는데 큰 오산이었다. 부모님께 물려받은 재산으로 처음부터 부유하게 사는 친구, 찢어지게 가난해서 원룸을 전전하는 친구, 자수성가하여 스스로 부를 일구는 친구 등 참으로 다양했다.

지영은 과연 어느 부류에 속할까? 저 중 어디에도 속하지 않았다. 저들 부류가 아닌, 지극히 평범한 대다수의 부류에 속할 것이다. 갓 결혼했을 무렵 지영의 연봉은 2,500만 원, 남편은 5,000만 원 정도 버는 자영업자였다. 이 정도는 평균 이상이라고 말하는 사람도 있겠지만 지영의 체감 온도는 평균 이하였다. 남들과 비슷한 브랜드의 옷을 걸치고 남들보다 조금 더 좋은 차를 타지만, 아직도 그렇게 만족스럽지는 않았다. 사는 집이 좀 별로라고 생각하기 때문이다.

10년 정도 된 24평형 아파트니 신혼의 시작으로는 괜찮은 편이었다. 둘이서 알콩달콩 아늑한 공간이었다. 남편은 차 욕심은 있었지만 집 욕심은 크지 않은 듯했다. 청소도 음식도 익숙지 않았던 지영에게도 큰집보다는 작은 집이 살기 편했다.

하지만 활동성 좋은 사내 녀석이 태어나면서 집에 대한 모든 생각이 바뀌었다. 황사에 미세먼지에 교통사고와 각종 사고……. 아이가 살기에 밖은 결코 호락호락하지 않은 곳이었다. 집에서 아이를 돌보는 시간이 많았다. 고개를 가누고 배밀이를 하고 뒤집기를 할 때까지는 집이 크다고 느꼈지만, 아이가 기어 다니자 '우리 집이 참 좁구나' 생각했다. 하긴 유년 시절의 기억은 이미 사라졌고 지영이 십대 이후부터 산 집은 34평형이었다. 그 공간이 너무나 당연하게 여겨졌고 24평형이 익숙해진 시간이 오히려 짧은 듯했다.

아이가 무언가를 잡고 일어서면서 여기저기 쿵쿵 부딪히기 시작했다. '아, 집이 더 넓으면 좋겠다' 생각하며 더 큰 집을 알아보고 다녔다.

때마침 집 근처에 지하철역이 생기면서, 집값이 5,000만 원이나 올랐다. 주변도 3,000만 원 정도는 올랐다. 집값을 확인하고선 너무 기뻤지만 지영이 이사 가고 싶어 하는 곳의 시세는 지영의 집값보다 훨씬 더 올랐다. 잠시나마 기뻐한 게 바보 같았다.

한참을 망설였다. 평수를 10평이나 늘려서 가려면 돈은 1억 5천만 원 정도 더 필요했다. 대안은 있었다. 25년쯤 된 외곽의 아파트로 옮기는 것이다. 지영은 아이의 편의를 위해 이사를 했다. 인테리어 비용을 포함해도 집값은 기존 집을 처분한 돈에서 3,000만 원밖에 더 들지 않았다. 집이 넓어지니 숨통이 트였다. 직장까지 거리가 조금 멀어졌지만 흡족했다. 5년쯤 지난 어느 날 둘째가 들어섰다. '집을 넓혀서 이사 오길 잘했어.'

하지만 문제가 발생했다. 집에서 녹물이 나오기 시작한 것이다. 아파트 나이 삼십이면 사람 나이 70과 맞먹는 걸까. 다시 이사 병이 도졌다. 어디로 가야 할까? 수많은 부동산 중개소를 들락날락했지만 답이 없었다. 시내 집값은 너무나도 올라버렸지만, 지영의 집값은 오히려 내려있었다. 지금 이 집을 팔고 나면 예전의 24평형을 겨우 들어갈 정도의 돈밖에 되지 않았다. 인테리어 비용은 고스란히 사라져버렸다. 다들 부동산으로 돈을 벌었다기에 자신도 그런 줄 알았지만 사실이 아니었다.

# 12장

Innocence 이야기 - 소리 없는 외침

~~~~~~~~~~~~~~~~~~~~~~~~~~~~~~

　모은 돈으로 아파트를 한 채 사볼까 하고 부동산투자 카페라는 곳에 가입했어요. 아, 저는 Innocence라고 합니다. 카페에 글을 쓰기 일 년 전부터 올라오는 글들을 하나도 빠짐없이 다 봤어요. 물론 카페 가입 전부터 꾸준히 부동산 흐름은 지켜보고 있었고요. 그냥 피부로 느끼는 분위기와는 사뭇 달랐지요. 전쟁터가 따로 없었어요. 하락을 주장하는 이들은 피를 흘리며 쓰러져 갔어요. 그들이 집을 사서 떠났는지, 염증을 느껴 떠났는지는 모르겠어요. 하지만 상승을 주장하는 사람들의 말에 따르면 슬그머니 집을 사서 떠났더라는 썰이 더 많은 것 같았어요.

'수도권 신축 입주 물량 부족, 공급 물량 부족 그래서 무조건 우상향'이라는 글이 있었어요.

조심스레 댓글을 달았어요. 여기저기 공사현장도 많고 현수막도 골목마다 나부끼고 있거든요.

'수도권 공급 물량 많은 것 같은데요.'

'그건 님이 몰라서 그런 거임.'

'그게 아니고 다른 글 보니까 많은 것 같던데요.'

'모르면 가만히 있든지 공부나 하셈.'

화가 났어요. 무조건 우상향이라는 건 가르쳐 주면서 왜 다른 건 물어보면 무조건 공부하라고 할까요?

널린 게 자료여서 정보 수집은 크게 어렵지 않다고 생각했어요. 그 자료들을 어떻게 일목요연하게 만드느냐일 뿐이라고 생각했죠. 그런데 부동산 공부에서는 그렇게 널려 있는 자료를 수집하기가 쉽지 않았어요. 온갖 자료들이 뒤죽박죽 섞여 있었거든요.

'부동산 시장 참말로 묘하네! 이거 무슨 깜깜이네.'

표를 만들어 두었어요. 한글 프로그램에 거창하게 표를 10×20 사이즈로 만들어 두고 가벼운 마음으로 슬슬 작업을 시작했어요. 아파트 공급 물량 조사, 입주 물량 조사, 적정 공급량 조사. 작업이 한 일주일간은 진행된 것 같았어요. 한글 파일로 작업을 시작한 것이 큰 실수였어요. 방대한 자료를 모으고 수집하고 수치화해서 입력하기가 보통 일이 아니었어요. 속 시원하게 한글파일에서 표를 채워 넣기가 힘들었어요. 그 힘든 과정을 마치고 올린 글에 무수한 악플이 쏟아졌어요. '까대기'라는 필명을 쓰는 사람은 이렇게 말하더군요.

"역시 부동산 초보가 맞군요. 제대로 공부하세요."

분양 물량을 하나하나 찾아서 입력하는 고된 노동의 결과가 이거라니, 비참했어요. 폭풍검색을 하다가 부동산 정보사이트에서 아주 유용한 자료를 발견했어요. 순간 '내가 지금까지 뭘 했지?' 멍해지더군요. 너무나 일목요연해서 감동했거든요.

| 시도 | 시군구 | 인구수 2020추계 | 적정공급 2020 | 아파트 입주 물량 (짙은 바탕색 : 초과) | | | | | |
|---|---|---|---|---|---|---|---|---|---|
| | | | | 2015 | 2016 | 2017 | 2018 | 2019 | 2020 |
| 서울 | | 9,601,693 | 48,008 | 31,247 | 33,789 | 37,466 | 44,784 | 43,415 | 38,710 |
| 부산 | | 3,343,528 | 16,718 | 26,169 | 18,960 | 25,264 | 29,600 | 26,959 | 24,134 |
| 대구 | | 2,419,246 | 12,096 | 16,888 | 28,817 | 22,324 | 14,623 | 9,857 | 15,003 |
| 인천 | | 2,951,030 | 14,755 | 16,319 | 11,991 | 22,905 | 25,368 | 17,246 | 15,689 |
| 광주 | | 1,487,675 | 7,438 | 6,934 | 11,704 | 12,816 | 8,453 | 11,268 | 10,325 |
| 대전 | | 1,500,215 | 7,501 | 6,121 | 6,929 | 7,540 | 7,726 | 4,369 | 6,263 |
| 울산 | | 1,139,703 | 5,699 | 10,842 | 4,045 | 9,903 | 11,019 | 10,699 | 2,941 |
| 경기 | | 13,220,552 | 66,103 | 73,676 | 98,268 | 137,359 | 179,702 | 138,409 | 105,534 |
| 경기 | 수원시 | 1,262,843 | 6,314 | 6,968 | 5,433 | 12,414 | 9,488 | 6,499 | 298 |
| 경기 | 성남시 | 967,025 | 4,835 | 4,537 | 6,537 | 5,903 | 608 | 2,019 | 4,318 |
| 경기 | 의정부시 | 435,277 | 2,176 | 1,154 | 4,392 | 6,438 | 7,360 | 3,738 | 7,650 |
| 경기 | 안양시 | 582,634 | 2,913 | 1,081 | 6,011 | 954 | 870 | 1,841 | 388 |
| 경기 | 부천시 | 843,102 | 4,216 | 1,035 | 5,024 | 7,762 | 2,229 | 896 | 2,219 |
| 경기 | 광명시 | 325,168 | 1,626 | 37 | 92 | 1,539 | 2,454 | 28 | 3,604 |
| 경기 | 평택시 | 501,800 | 2,509 | 5,307 | 8,942 | 10,007 | 11,585 | 20,840 | 9,258 |
| 경기 | 안산시 | 716,328 | 3,582 | 976 | 1,649 | 167 | 6,810 | 4,693 | 10,175 |
| 경기 | 고양시 | 1,056,987 | 5,285 | 4,953 | 4,887 | 1,990 | 6,179 | 12,877 | 5,322 |
| 경기 | 과천시 | 52,938 | 265 | 0 | 0 | 0 | 583 | 0 | 1,417 |
| 경기 | 구리시 | 191,979 | 960 | 407 | 4,922 | 2,527 | 2,097 | 8 | 1,333 |
| 경기 | 남양주시 | 687,200 | 3,436 | 9,166 | 1,552 | 2,890 | 8,280 | 12,658 | 4,006 |
| 경기 | 오산시 | 227,715 | 1,139 | 117 | 32 | 4,534 | 4,528 | 5,616 | 596 |
| 경기 | 시흥시 | 431,537 | 2,158 | 3,481 | 4,296 | 12,330 | 12,464 | 12,476 | 12,542 |
| 경기 | 군포시 | 282,736 | 1,414 | 136 | 28 | 39 | 1,736 | 1,901 | 0 |
| 경기 | 의왕시 | 157,445 | 787 | 0 | 0 | 78 | 590 | 5,742 | 1,204 |
| 경기 | 하남시 | 243,275 | 1,216 | 7,538 | 15,516 | 5,245 | 9,204 | 3,623 | 4,839 |
| 경기 | 용인시 | 1,041,001 | 5,205 | 1,925 | 3,676 | 8,108 | 17,549 | 13,948 | 1,514 |
| 경기 | 파주시 | 452,908 | 2,265 | 1,204 | 176 | 4,418 | 6,633 | 0 | 5,246 |
| 경기 | 이천시 | 219,854 | 1,099 | 19 | 1,134 | 1,245 | 1,205 | 1,321 | 305 |
| 경기 | 안성시 | 196,717 | 984 | 144 | 3,159 | 963 | 5,804 | 1,419 | 715 |
| 경기 | 김포시 | 426,916 | 2,135 | 919 | 4,056 | 12,195 | 15,740 | 540 | 16,892 |
| 경기 | 화성시 | 744,844 | 3,724 | 22,415 | 12,446 | 23,314 | 34,368 | 21,218 | 6,474 |
| 경기 | 광주시 | 362,912 | 1,815 | 0 | 2,681 | 5,161 | 5,538 | 2,373 | 587 |
| 경기 | 양주시 | 213,642 | 1,068 | 61 | 1,862 | 4,428 | 4,669 | 1,566 | 4,369 |

출처: https://blog.naver.com/kitty5239/221619225642

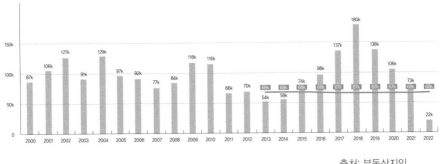

〈경기도 기간별 수요/입주〉

■ 입주량 ― 수요량

출처: 부동산지인

　제대로 된 그래프와 표를 찾아서 공개했어요. 그런데 댓글의 공격은 하나같이 '공급물량은 적다. 다시는 너랑 말하기 싫다. 똑바로 공부해라'였어요. 오기가 발동했어요. '정말 그들이 제대로 된 자료를 알았다면 잘못된 부분을 지적해주면 더 좋을 텐데.' 자료를 수집하고 또 수집해서 정리했어요. 국토부, 국토연구원, KDI 경제정보센터, 통계청, 경기도청, 서울시청 등 자료가 나올만한 곳은 모조리 연락해서 자료를 취합했어요.

　다시 수정된 글을 올렸는데 반응은 같았어요. 입주 물량 부족, 공급 물량 부족. 또다시 수정해서 글을 올렸어요. 그러자 좀 달라지기 시작했어요. 핵심 역세권(철도[지하철]역과 그 주변지역을 중심으로 500미터 반경 내외의 지역), 학세권(자녀 교육에 대한 의욕이 높은 요즘 실수요자들인 30~40대의 교육 열기가 만들어낸 신조어로 '학교+~세권'의 합성어) 물량 부족. 꼬리에 꼬리를 물고 반박과 재반박의 격론이 이어졌어요.

　　　　　　　　　　　　　　대한민국 부동산 흐름 읽는 법

'과연 누가 전문적으로 분석한 내용을 제공해 줄까?'라는 의문이 들었어요. '돈 되는 걸 내가 왜 알려 주냐?' 당연해요. 돈 되는 정보를 왜 부동산투자 카페에서 알려줄까요. 자기 혼자 보유하지.

글을 부정적인 방향으로 작성해 보았어요. 까대기가 말했어요.

"Innocence님도 어차피 투자자잖아요. 님이 돈이 없다고 다른 사람들도 없는 게 아니거든요?"

비꼬는 글들이 더 많아졌어요. 한 번도 투자해본 적이 없는 저는 오히려 투자에 대한 반감만 커졌어요. 선량한 사람들이 무지로 인해서 과도한 부채를 짊어지는 것이 싫었어요. 무리한 대출로 집을 사지 말라는 글을 지속해서 올렸어요. 시비를 거는 사람이 계속 늘어났어요. 욱하고 참지 못하는 바람에 저도 모르게 나쁜 말들이 나왔어요. 인격을 침해했다나 뭐라나 카페지기에게서 쪽지가 날아오더니 강퇴당하고 말았어요.

아마 지금도 집 사라고 부추기는 글들이 많지 싶어요. 그것도 알짜가 아닌 자기들이 팔려고 하는 집을.

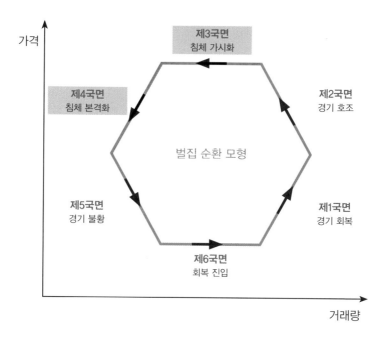

제3국면에서는 경기가 나쁘게 전망되며 거래량이 줄고 가격은 보합세를 유지한다. 건설사에서 공급하는 분양물량은 점점 줄어들지만 제1국면에서 착공한 주택이 입주하면서 입주물량은 늘어난다. 공급이 수요를 초과하지만, 투자자들은 여전히 가격이 오를 것이라는 기대감을 지니고 있어서 가격이 거의 변동 없이 유지된다.

제4국면에서는 모든 가계가 경제적인 슬럼프에 빠지는 시기로 가격과 거래량이 모두 줄어든다. 건설사들은 분양사업을 점점 줄이지만 미분양은 계속 쌓이게 되고 2국면에서 착공한 주택이 입주하면서 입주물량도 여전히 많다. 수요자들은 주택가격이 더 내릴 것으로 기대해 거래량이 감소하고 일부 급하게 빠져나오려는 투자자들은 급매로 물량을 던지며 가격하락을 촉진한다.

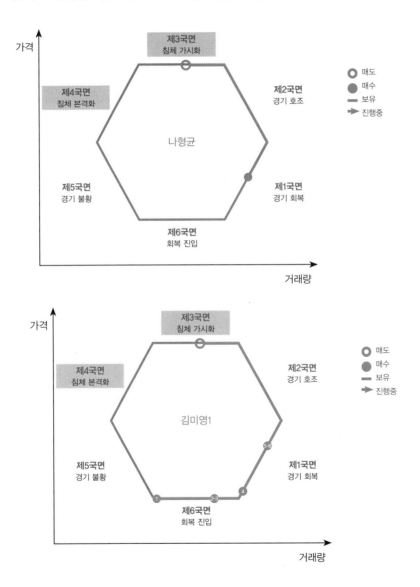

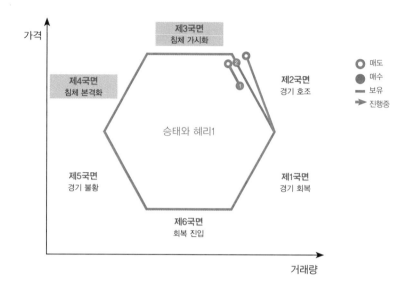

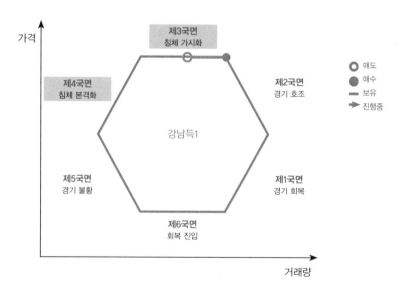

대한민국 부동산 흐름 읽는 법

리밸런싱 시기에는 여전히 가격이 오를 것이라는 기대감이 존재한다. 시간이 지나고 보면 단기적인 꼭지임을 알 수 있다.

강남득은 스스로 학습하여 위기를 피해가고, 김미영과 나형균은 주위의 조언으로 위기를 피한다. 승태와 혜리는 초심자의 행운이 따랐으나 이어 따라온 욕심에 의해서 긴 상승과 하락의 주기를 몸소 경험하기도 한다. 팔팔이처럼 부동산이 아닌 다른 투자수단을 통해서 수익을 추구하는 경우도 있다.

투자의 기본은 낮은 가격에 사서 비싼 가격에 파는 것이다. 일방적인 상승 혹은 하락의 주장을 접하지만, 부동산이건 다른 투자수단이건 부침 없이 상승 혹은 하락만 하는 경우는 없다.

# 13장

노전수 이야기 3 - 벼랑 끝의 희망

~~~~~~~~~~~~~~~~~~~~~~~~~~~~~~~~~~~~~~~~~~~

노전수

잘나가던 외식사업가였으나 부동산의 재미에 빠져 사업에 소홀해졌고 과도한 부채로 결국 2008년 금융 위기에 쓰러지고 말았다. 살던 집마저 원하던 금액에 한참 못 미치게 급처분한 그는 이제 오갈데 없는 신세가 되었다.

2008년 전수에게는 3,000만 원이 전부였다. 한동안 살 집도 구하지 못해 추위를 겨우 면할 정도의 외투로 노숙을 일삼기 시작했다. 전수 말고도 수많은 사람이 길거리로 내몰리고 있었다. 이가 달그락거리고 손끝에 감각이 없어질 정도로 추웠다. 이는 추위로 손상되는

대한민국 부동산 흐름 읽는 법

조직을 보호하기 위해서라지만 몸의 보호 작용조차 전수를 성가시게 만들었다. 그때 바람에 날아온 전단이 전수 앞에 뚝 떨어졌다. 무딘 손으로 간신히 그 종이를 잡아들었다.

---

### 황금시장 야시장 매대 운영자 모집공고

   대한민국 넘버원 야시장 「황금시장 야시장」에서 뛰어난 열정을 펼칠 수 있는 창의적이고 역량이 뛰어난 매대 운영자를 모집하오니 많은 참여를 바랍니다.

2008년 3월 10일

황금시장 글로벌명품시장 육성 사업단장

1. 야시장 운영
⊙ 일 시 : 연중 상설운영
⊙ 장 소 : 황금시장 건어물 상가 편 도로 350m
⊙ 시 간 : 18:00 ~ 23:30(금, 토 24:00)
※ 계절에 따라 영업시간이 변경될 수 있음

2. 모집개요
⊙ 응시자격
※ 반드시 신청자 본인이 사업자발급 및 운영을 해야 함
(본인 외 운영 불가)

---

⊙ 방 법 : 서류심사, 품평회(면접)를 통해 매대 운영자 선정

⊙ 모집인원 : 30명(식품 20명, 상품 10명)

− 입점은 결원 매대 발생 시 고득점순으로 투입


3. 모집내용

⊙ 식품부문(20명)

− 현재 야시장에 부족한 특색이 있고, 젊은 층을 타깃으로 한 식품

− 야시장에 적합하고 국내외 방문객이 선호할 수 있는 식품

⊙ 상품부문(10명)

− 핸드메이드 제품, 중소기업우수제품, 재능상품, 공산식품, 패션 및 생활잡화 등

− 기성품과 차별성을 가진 독창적이고, 고객이 선호할 수 있는 상품

4. 신청서 접수 및 방법

⊙ 제출방법 : 이메일, 우편, 방문 접수

− 이메일 : 황금시장@naver.com

황금시장 글로벌명품시장 육성사업단(2층)

− 방문접수

⊙ 평일(09:00~18:00), 주말 · 공휴일 제외

⊙ 글로벌명품 황금시장 육성사업단(2층) 방문접수

⊙ 신청서 접수기간

− 2008. 3. 11(수) ~ 2008. 3. 30(월)

− 마감일 근무시간(18:00)까지 도착분에 한하여 유효함

5. 제출서류

⊙ 신청서, 식품·상품 설명서(사진첨부), 야시장 입점자 자기소개서, 개인정보 제공·이용 동의서

6. 기타사항

⊙ 신청서 및 제출서류가 허위이거나 거짓일 경우 지원 대상에서 제외

⊙ 입점자로 선정된 이후라도 신원조회, 사실조사 및 검토결과에 따라 참여가 취소될 수 있음

⊙ 입점 계약기간은 1년이며, 매년 평가를 통해 3년까지 계약을 연장할 수 있음

⊙ 제출된 서류는 일체 반환되지 않음

⊙ 공개모집 신청에 소요되는 일체의 비용은 신청자 부담을 원칙으로 함

※ 신청서 작성은 첨부파일을 확인하여 작성하시길 바랍니다.

10번은 되풀이해서 읽은 것 같았다. 하늘이 무너져도 솟아날 구멍이 있다고 했던가. '인생에 세 번의 기회가 온다'고 했다. 전수는 솟아날 구멍을 보았고 2번째 기회를 보았던 것이었다. 이대로 길거리에서 시체처럼 널브러져 있을 수 없었다.

방을 구하기 위해 부동산 중개소 김 소장을 찾아갔다. 김 소장은 전수의 행색을 보고 놀라는 눈치였다. 보증금 500만 원에 월세 30만 원짜리 반지하 방을 소개 받았다. 가구 하나 없는 좁은 방안에서 전수는 하염없이 눈물을 흘렸다. 눈물을 닦지 않으며 그는 다짐했다.

다시는 눈물을 흘리지 않겠노라고. 다시 한번 날갯짓을 해보겠다고. 그는 말끔히 씻었다. 씻어내고 또 씻어냈다. 자신의 몸과 자신의 과거를.

도서관에 가서 컴퓨터를 쓸 수 있는 좌석을 배정받았다. 청년 커뮤니티 포털 홈페이지에 들어가서 공고문을 다운로드 받고 정신없이 써 내려갔다. 그리고 읽고 또 읽었다. 배움이 많지는 않았지만 태어나서 처음 써본 지원서에 할 수 있는 한 최선을 다해서 썼다. 발표 날짜만 기다리면서 전수는 젊음에 감사했다. 그가 해온 요식업이 큰 밑천이 될 수 있음이 감사했다. 그리고 다시 사업을 일으키기에 너무나 미약한 2500만 원의 돈이라도 수중에 있음에 감사했다. 모든 것이 감사했다. 창가로 들어오는 봄날의 햇살에 감사했고 기회가 주어짐에 감사했다.

### 야시장 매대 운영자 신청서 [식품부분]

| 2008 황금시장 야시장 입점 응모 신청서 | | | | |
|---|---|---|---|---|
| 신 청 자 | 성 명 | 노전수 | 생년월일 | 1968.00.00 | |
| | 연락처 | 일반 | | | 사진 |
| | | 휴대폰 010-8888-**** | | | |
| | 이메일 | xx@daum.net | 성별 | 남 | |
| | 주 소 | XX 원룸 305호 | | | |

| 요 리 명 | 주메뉴 | 불맛 막창 |
|---|---|---|
| | 보조메뉴 | 불맛 막창 볶음밥, 막창 순대 |

| 참 고 사 항 | □ 다문화가정<br>■ 청년창업(만18세 ~ 만39세)<br>□ 사회적기업<br>□ 기 타 (      ) | ■ 한식푸드    □ 양식푸드<br>□ 일식푸드    □ 중식푸드<br>□ 퓨전 푸드    □ 기타<br>□ 창작요리 |
|---|---|---|
| | 해당부분에 ■ | |

| 주 의 사 항 | ⊙ 야시장 매대는 신청자 본인이 직접 운영하여야 하며, 제3자에게 임대는<br>　불가합니다.<br>⊙ 야시장은 연중 매일 운영하여야 합니다.(월 3회 개인휴무)<br>⊙ 기본계약은 1년 단위를 원칙으로 하며, 매년 평가를 통해 3년까지 연장가능<br>⊙ 입점 후 3개월 의무영업을 하여야 하며, 이 후 퇴점 희망 시 규정된 절차<br>　에 의하여 퇴점할 수 있습니다.<br>⊙ 야시장 입점 시 출품한 제품은 4개월 동안 변동될 수 없습니다.<br>⊙ 야시장 관리비는 추후 공지합니다. |
|---|---|

위와 같이 2008 황금시장 야시장 입점 신청서를 제출합니다.
2008년 3월 11일

신청인　노 전 수 (인)

**황금시장 글로벌명품시장 육성사업단장 귀하**

# 출품요리 설명서

**막창 숙성법 10kg 기준**

1. 비법 소스 만들기(마늘 150g, 양파 230g, 생강 30g, 후추 5g, 미원 10g, 다시다 10g 꽃소금 5g, 소주 180g을 넣고 믹서기로 간다.)
2. 손질된 막창에 비법 소스를 섞는다.
3. 연육제 120g에 물을 조금 넣고 풀어서 섞는다.
4. 20시간 숙성 후 깨끗이 씻어 사용한다.

**초벌 막창 삶기 10kg 기준**

1. 손질한 막창을 준비 후 통에 물을 끓인다.
2. 물이 끓기 시작하면 마늘 60g, 양파 90g, 다시다 10g, 생강 20g, 후추 5g, 미원 10g, 소주 180g, 식용 소다 5g, 월계수 잎 3장, 계피(작은 거 한 개, 많이 넣으면 계피 향이 강할 수 있음), 된장 120g을 넣는다.
3. 생강은 얇게 저며서 넣고 양파는 4등분 하고 마늘을 넣는다.
4. 물이 팔팔 끓은 후 막창을 넣는다. (막창을 넣을 때 동시에 소주도 같이 넣는다. 미리 넣으면 알코올이 날아가서 효과 없음)
5. 40분 끓인 후 5분 있다 건져서 식히며 물기를 제거한다. 식힌 후 먹기 좋게 칼이나 가위로 잘라둔다.

**소스 만들기 4~5인분 기준**

일반 고춧가루 고운 것(3큰술), 청양고춧가루 고운 것(2큰술), 베트남 고춧가루 고운 것(2큰술)
물엿(100mL), 양파 효소액(50mL), 쇠고기다시다 태양초 고추장(6큰술), 다진 마늘(4큰술), 다진 생강(2큰술), 청주(200mL), 파인애플 간 것(100mL), 대파 썬 것(약 100g), 통깨(2큰술)
스모크(훈연) 향 목초액 50~100배 희석해서 사용. (소량만 사용해도 맛이 좋음.)
손질한 막창에 소스를 잘 버무려 철판에서 바로 구워낸다. 1차로 익힌 것이라 너무 오래 익히지 않도록 한다. 서빙 전 토치를 이용해 불맛을 살짝 입히도록 한다.

**막창 순대 볶음 (2인분 기준)**

1. 순대는 찜기에 찐다.
2. 손질한 막창을 양념 없이 프라이팬에 익힌 후 막창에 채를 썬 양파와 고추를 함께 넣고 살짝 볶는다.
3. 양념장 (고춧가루 3큰술, 설탕 4큰술, 생강가루, 들깻가루 조금, 간장 4큰술, 마늘, 물엿 1스푼, 희석한 목초액 약간)을 넣고 함께 살짝만 볶는다.
4. 순대와 채를 썬 깻잎을 넣어 살짝 볶아 제공한다.

# 야시장 신청자 자기소개서[공통]

| 신청 소개서 |
| --- |

### 1. 개인(기업) 소개

요식업에 종사한 지 10년 된 노전수라고 합니다. 음식 맛과 질 만큼은 높은 평가를 받아왔습니다. 사업을 확장해나가는 단계에서 뜻하지 않은 자금경색으로 어렵게 일군 사업을 모두 접어야 했습니다. 그간 제가 가지고 있던 노하우를 모두 쏟아 붓는다면 황금시장의 이미지가 더욱 격상될 것이고 소비자의 만족도도 높여주리라 생각됩니다.

### 2. 입점 동기 및 비전

자금 사정이 충분하지 않던 터에 2300만 원의 창업비용으로 사업을 할 수 있다는 사실 하나만으로 저에게는 하늘이 내린 기회라고 생각합니다. 육가공 계통의 흐름을 잘 알기에 저렴한 가격으로 원자재를 구매하여 저렴한 가격으로 그리고 뛰어난 맛으로 소비자를 사로잡을 수 있습니다.

### 3. 운영계획

1500만 원으로 이동식 포장마차를 제조하고, 사전 음식 조리를 위한 가게 임대 및 집기 구매에 500만 원 마케팅에 300만 원을 들여서 운영할 예정입니다.

### 4. 마케팅 및 홍보계획

젊은 층을 공략할 수 있게 인터넷 블로그 등을 통해서 황금시장을 홍보하고 황금시장의 맛집인 황금막창을 곁들여서 소개하려고 합니다. 초기비용이 좀 들기는 하겠지만 네이버에 광고를 유치해서 막창 하면 저의 황금막창이 나올 수 있게 저의 남은 자금을 모두 마케팅에 투입할 것입니다.

# 3부

# 부동산 사이클
# 디레버리지

디레버리지란 레버리지의 반대 개념으로
부채를 줄이는 것을 말한다.

# 14장

### 박재상 이야기 1 - 초심자의 행운

~~~~~~~~~~~~~~~~~~~~~~~~~~~~~~~~~~~~~~~~~~~~~~~~~~~

박재상이 대학교를 나올 무렵만 해도 엄청난 호시절이었다. 대학을 졸업만 해도 아니 졸업 전부터 대기업들이 줄을 서서 데려가기 바빴다. 지금은 지방대로 뭉뚱그려 불리지만 재상은 당시 지방에서는 명문으로 알아주는 국립대학 기계과에 당당히 입학했다. 집안 사정이 넉넉하지 못해서 서울에 가지 못한 한이 남았다. 과거에 본 적이 있는 대학교 서열 순위에서 재상이 선택한 학교가 상위권에 랭크된 것을 보고는 자신을 위로할 뿐이었다.

처음 재상이 입사한 곳은 지방의 중소기업이었다. 서울로 대학 가지 못한 것이 한이었는데 직장마저 지방이어서 조금 답답했지만 나름 괜찮은 처우라서 만족하며 근무했다.

특유의 절약 정신이 몸에 배어서 착실하게 돈을 모아 나갔다. 부모님 밑에서 직장을 다니며 모은 돈이 3억 원이 넘었다. 남들은 집도 사고 결혼도 하라고 했지만, 첫사랑에 실패한 후 한참의 방황과 여러 번의 가벼운 연애를 겪으면서 나름의 자유를 만끽하는 것도 나쁘지 않았다.

어느덧 불혹을 바라보던 나이가 된 재상은 이제는 결혼한 친구들처럼 평범한 가정을 꾸리고 살고 싶다는 생각을 하게 되었다. 2008년 금융위기의 여파인지 부모님이 사시던 집 근처에 미분양된 아파트가 있어서 별 생각 없이 그 집을 샀다. 안정된 일자리와 집이 있으니 연애도 쉬웠고 만나는 사람마다 결혼을 서두르는 느낌이었다. 집이 있고 없음의 차이가 크다는 사실에 놀라움을 금치 못했다.

결혼 후 행복한 생활로 즐거운 하루하루를 보내는 동시에 홑벌이라는 한계를 느껴야 했다. 총각 때 모아놓은 돈은 조금씩 줄어들었다. 두 아이를 낳아서 키우느라 5년의 세월이 흘렀지만 싱글일 때처럼 돈 모으는 재미는 없었다.

뭔가 해방구를 찾고 있을 때, TV 속에 등장한 경제부 장관이 "빚내서 집 사라"는 말을 했다. 은행 금리는 점점 내려가더니 1%대의 예금 이자밖에 안 되는 상황까지 이르렀다. 고민하고 고민하던 어느 날. 모델하우스 앞에 길게 늘어선 아파트 청약 대기 줄을 보고 거기 동참하게 되었다. 청약을 해두고도 아무 생각 없이 지냈다. 로또를 월요일에 사두고 토요일 당첨 확인하기 전까지 설레는 마음으로 기다리다 토요일 9시면 당첨번호를 확인하는 것과 달리, 아파트를 청약해 놓은 사실을 까맣게 잊고 있었다. 경쟁률이 1:100이나 되었기에 큰 기대도 하지 않았다. 아파트 청약 어쩌고 하는 문자를 받았을 때는 스팸이라 생각하고 지워버렸다. 며칠 후 계약금을 내라는 문자가 왔을 때 비로소 청약에 당첨된 사실을 알고 화들짝 놀랐다. 서둘러 돈을 찾아서 계약금을 입금했다.

부동산투자 카페에 들어가 보니 아파트 대량공급으로 본격적인 하락기로 접어들 거라는 엄포성 글들이 즐비했다. 두려움이 생겼다. 미분양된 아파트를 샀던 경험이 있었기에 마음 한편의 찝찝함은 어쩔 수 없었다. 하지만 워낙 무던하고 무신경한 성격 탓에 그런 글을 읽은 기억조차 금세 잊고 지냈다. 몇 달이 지난 후 다시 게시판을 둘러보니 피가 5,000만 원이라고 했다. 무슨 말인지 몰라서 부동산투자 카페 게시판에 문의글을 남겼다.

Q: 분양권 피가 뭐에요?
A: 프리미엄의 줄임말이에요.
Q: 피 5,000만 원이라는 건 무슨 뜻이에요?
A: 부동산 초보세요? 프리미엄 5,000만 원인데, 5,000만 원 벌었다는 말이에요.

그날부터 가슴 설렜다. 로또는 이제 거들떠보지도 않았다. 부동산 투자 카페 게시판을 들여다보는 것이 일과 중 가장 행복한 순간이었다. 자고 일어나면 몇백만 원씩 프리미엄이 올라있었다. 게시판에서는 프리미엄이 1억 원을 갈 거라는 둥 2억 원을 갈 거라는 둥의 말들이 오갔다. 재상에게는 5,000만 원도 과분한 돈이었는데 이제는 5,000만 원은 따 놓은 당상이요, 2억 원이라는 프리미엄이 가장 합리적인 가격으로 느껴졌다. 누군가는 프리미엄 3억 원은 갈 거라고 떠들어댔다.

놀라웠다. 하지만 재상은 1억 5천만 원의 프리미엄으로 분양권을 처분했다. 이후 누군가 2억 원에 처분했다는 이야기를 들으면 1억 5천만 원을 벌었다는 느낌보다는 5,000만 원을 잃었다는 느낌만 들었다. 무던하고 욕심 없던 재상은 부동산투자에 눈을 떴고 싱글벙글 부동산 전도사로 변신했다. 평소 아는 체도 하지 않던 까마득한 후임 김원상에게도 부동산 전도사를 자처하면서 말을 걸 정도로 늘 기분이 좋은 상태였다.

# 15장

## 김원상 이야기- 우울한 새집 바라기

김원상은 공장에 다니는 아버지, 건물 청소 일을 하시는 어머니 밑에서 넉넉하지 못하게 자랐다. 중학교 입학 후 반에서 10등 정도의 실력으로 당연히 인문계 고등학교에 간다고 생각했다. 친구들도 모두 인문계 고등학교 진학을 예정하고 있었다. 지금이야 특성화고 진학이 엄연한 하나의 선택이지만 그 시절만 해도 실업계는 공부에 흥미를 느끼지 못하는 아이들의 선택지에 불과했다.

"원상아, 너 어느 학교 갈 거야?" 평소 친하게 지내던 친구가 물었다. "너랑 같은 인문계 고등학교에 가지 않겠어?" 원상이는 인근 고등학교 진학을 당연시 여겼다.

"엄마, 고등학교 어디로 갈지 알아 오라던데 인문계 지원하면 되지?"

"원상아 미안하다. 내가 못 배운 한을 어떻게든 너를 통해서 풀고 싶었는데……. 너도 알다시피 우리 사정이 영 시원찮아서 실업계 고등학교로 가줬으면 좋겠어."

"내 친구들, 나보다 공부 못하는 애들도 다 인문계 간단 말이야!"

"참말로 미안하다."

"인문계 못 가고 실업계 가면 내가 하고 싶은 것도 못하고, 기계부품처럼 일하는 것도 싫단 말이야."

"네 바람대로 인문계 고등학교로 진학해도 대학에 갈 형편이 안되니, 아무짝에도 쓸모없을 것 같아서 그런다. 초등학교밖에 못 나왔어도 엄마 아빠처럼 공장에서 생활현장에서 열심히만 일하면 그럭저럭 살 수 있을 거야."

원상은 눈물을 훔치고 또 훔쳤다. 결국 엎드려 한참을 울었다.

눈물 젖은 소매가 다 마르는 데 시간이 얼마 걸리지 않았듯 원상의 실업계 선택, 그리고 그 선택에 따른 시련의 시기는 빠르게 지나갔다. 원상은 한없이 비뚤어졌다. 진로뿐 아니라 아버지의 과로사가 원상의 앞길을 더 흐릿하게 만들었다. 돈과 사회에 대한 증오로 불타오르던 무렵 원상은 성인이 되었다. 성년은 그렇게 우울하게 시작되었다.

친구들이 하는 취직을 원상은 하지 않았다. 2년이란 시간을 하릴 없이 방황하다가 군대를 다녀왔다. 어머니가 건물을 청소하며 받는 100만 원 남짓이 수입의 전부였기에 현실을 직시해야만 했다. 원상은 기계처럼 일했다. 자동차 부품 공장에서 주간, 야간, 비번을 번갈아 가는 생활은 GOP 근무의 연장처럼 느껴졌다.

밤낮이 뒤바뀌는 시간 속에 우울감은 더해왔다. 공장의 로봇 보급률이 우리나라가 세계 최고라던데 원상도 거대한 기계장치 속에 있는 로봇처럼 느껴졌다. 돈에 한이 맺혔다. 이 생활을 견디게 하는 단하나는 신분 상승에 대한 욕구였다. '인문계 고등학교를 진학하고 대학에 갔었다면……' 하는 생각이 수없이 들었고 자존감은 바닥으로 떨어졌으며 끝 모를 추락에 존재마저 부정당하는 듯한 비참함에 사로잡혔다. 어머니 소유의 1억 1천만 원 정도 하는 아파트 한 채로는 생활이나 신분의 변화는 꿈속에서나 가능한 일이었다.

같은 공장에서 일하는 박재상 부장은 '지긋지긋한 생활'이라며 자주 한탄했는데 근래 표정이 무척 밝아졌다. 알고 보니 분양권을 샀다고 했다. 4억 원짜리 아파트를 청약하는데 계약금 4,000만 원을 넣고 중도금은 모두 무이자 방식의 투자였단다. 운이 좋아서 분양권 등기(국가기관인 등기관이 법정절차에 따라서 등기부에 부동산의 표시 또는 권리를 기재하는 것 또는 기재 그 자체) 전에 5억 5천만 원에 팔았다고 했다. 무려 1억 5천만 원을 벌었다고 하면서 또 다른 청약을 노리고 있다고 했다. 그래서였을까, 박 부장의 눈에는 탐욕의 광채가 이글거렸고 입꼬리는

대한민국 부동산 흐름 읽는 법

언제나 위를 향했다.

'그래, 바로 그거야!' 가진 것 없는 이에게 가장 큰 계층 사다리는 멀리 있지 않았다. 바로 눈앞에 펼쳐져 있는 것이었다. 그날로 원상도 박재상처럼 분양권, 신규아파트 청약 시장을 기웃거렸다. 부동산 투자 카페를 찾아다니며 누군가 정리해 놓은 분양권 관련 자료를 몇 번이나 살펴봤다.

◎분양권 : 아파트 따위의 건물을 양도받을 수 있는 권리(조합원에게 돌아가고 남은 물량을 받는 사람이 갖는 권리-청약을 통해 당첨됨.)
1년 미만 50% 양도소득세, 2년 미만 40% 양도소득세
2년 이상 6~42% 양도소득세 (*조정대상지역이 되면 보유 기간 관계없이 2년 이상도 50% 양도소득세 발생)

◎분양권 전매: 주택을 분양받은 사람이 그 지위를 다른 사람에게 넘겨주어 입주자를 변경하는 것

1. 분양권 사고 싶어요?
분양가 5억 원 기준 아파트(옵션 포함)로 계산해 볼게요. 계약금 5,000만 원에다가 프리미엄 금액 5,000만 원 주면 살 수 있겠네요. 당장에 1억 원이 필요해요. 중도금을 혹시나 유이자로 매도자가 냈다면 그 부분을 정산해주고, 남은 대출을 승계하여 중도금 내고 잔금 내면 되겠네요. 중도금에 대한 이자 부분이 발생할 수도 있고 무이자일 수도 있으니 이 경우도 반드시 살펴야겠네요.

2. 분양권 팔고 싶어요? 언제부터 팔 수 있죠?
투기과열지구: 공공, 민간 택지 모두 소유권이전등기일
규제지역 외: 공공택지(1년), 민간 택지(6개월)
*투기과열지구 분양권: 투기과열지구 지정 전에 분양계약을 체결하였거나, 건설사로부터 분양계약자의 명의변경이 완료된 분양권의 경우에는 투기과열지구 지정(2017년 9월 5일) 이후 1회에 한하여 전매가 허용돼요. 특별 공급은 5년간 전매 제한.

투기과열지구 예) 2017년 8월에 분양권 산 A는 2018년 2월 B에게 판다. B는 C에게 분양권을 팔지 못하고 소유권이전등기를 해야 해요.

투기과열지구 예2) 2018년 5월 일반 분양받는다. 소유권이전등기 할 때까지 분양권 못 팔아요. (여기서 포인트, 묻지마 투자 안 돼요. 일단 청약 넣고 보자? 절대 절대 안 돼요. 자금 조달 안 되어 미계약 시 완전 돈 많이 날린다고 하네요.)

**분양권 전매 규정은 이 외에도 다양하게 존재한다고 하니 잘 알아보세요.

3. 프리미엄 5,000만 원 받고 팔면 얼마 버나요?

1년 미만 매도 시: 5억 원 아파트 기준으로 프리미엄이 5,000만 원 생겼어요. 그러면 저는 5,000만 원 번 거 맞나요? 아니요. 대략 2,300만 원 정도 벌었네요.

양도소득세 5,000만 원 중 기본공제 250만 원 차감한 4,750만 원의 50%가 양도소득세 2,375만 원, 여기서 끝이 아니고 양도소득세의 10%가 지방소득세 237.5만 원, 여기서 끝이 아니고 부동산 중개 수수료(지자체마다 차이 있음) 100만 원 정도 나가겠네요.

4. 마이너스 프리미엄 3,000만 원이면 3,000만 원 손해인가요?

손해는 더 클 수 있어요. 일부 지역에서 공급과잉으로 인하여 분양 후 초창기에 프리미엄 형성되다가도 입주 시점이 되니 매물이 넘쳐나는 경우가 있다고 하네요. 서로 팔려다 보니 손해 보고 파는 경우도 생기겠죠.

초기 분양자: 마이너스 프리미엄 3,000만 원 + 중도금 유이자 무이자 여부 + 기회비용 = 약 4,000만 원 손해.

프리미엄 5,000만 원 주고 산 구매자: 9,000만 원 손해. 이런 일은 안 생기는 게 좋겠죠.

◎입주권: 재개발(일반주택을 아파트로 짓는 것을 의미), 재건축(아파트를 아파트로 짓는 것을 의미) 조합원이 새집에 거주할 수 있는 권리(입주권은 주택 수에 포함됨. 1가구 2주택 등으로 양도소득세 계산할 때 필요하겠네요).

*분양권을 주택 수에 포함시키는 등 제도는 바뀔 수 있어요.

운이 좋았던지 다소 비싸지만 5억 원짜리 분양 아파트 청약이 당첨되었다. '하늘은 나를 버리지 않았다.' 원상은 엄마와 소고기를 사

먹으며 기회가 왔음을 기뻐했다. 한 달이나 지났을까, 박재상 부장에게 이상한 소리를 들었다.

"원상아, 너 청약 당첨된 아파트 좀 찜찜하다. 우리 공장 돌아가는 형편도 그렇고 금리도 자꾸 오르고, 분양권 프리미엄 1,000만 원 준다는 데 있던데 어서 팔아라."

"박 부장님은 1억 5천만 원 버셨잖아요. 저도 딱 그만큼만 벌 거예요."

"그때랑 지금은 분위기가 너무 다르다고. 나도 청약 시장에서 돈 번 거 천운이라 생각하고 이제 더는 안 하려고 하는데, 너희 집안 형편 잘 알아서 하는 소리다."

"걱정해 주시는 거는 고마운데요. 이거 아니면 저는 아무 희망도 없어요. 결혼하려고 모아놓은 5,000만 원이 저에겐 전부인데 그 돈으로 결혼이나 할 수 있겠어요?

"그래, 노답인 상황은 맞는데 그래도 혹시나 해서, 찜찜해서 그런다."

"저 원상이잖아요. one 상한가. 딱 한 번만 돈 벌면 결혼도 하고 안정적으로 살 수 있을 거 같아서 이 기회를 도저히 포기할 수 없어요."

박재상 부장은 더는 그를 설득할 수 없었다.

원상의 꿈은 청약 당첨 이후 계속되었다. 잠이 들면 프리미엄이 1억 원, 2억 원 붙는 행복한 꿈을 꾸었다. 그러나 분위기는 너무 쉽게 반전되었다. 1천만 원이던 프리미엄은 사라지고 매물이 쌓이기 시작, 어느덧 마이너스 프리미엄이 발생했다. 실감이 나지 않는 날들이었다. 3억 원에 대한 5%의 유이자를 2년이나 갚았다. 그 돈만 해도 1,000만 원이 넘었다. 2년이 지나 보니 2억 원의 프리미엄은 꿈이었는지 흔적조차 없고 마이너스 프리미엄 5,000만 원이 붙어 있었다. 'X 같다'라는 속엣말이 저절로 튀어나왔다. 밥을 먹다가도 일을 하다가도 자려고 누웠다가도.

−5,000만 원에 팔리기라도 했으면 좋겠다는 생각을 지울 수 없었다. 악몽의 연속이었다. 어떤 날은 −5,000만 원에 팔려버리는 꿈, 어떤 날은 −6,000만 원으로 떨어지는 악몽. 팔려도 팔리지 않아도 그것은 선택의 여지없는 악몽이었다.

'내 꿈이 그리도 허황된 것이었던가? 나는 오직 한 번의 상승이면 충분했는데.'

잔금을 치를 여력이 안 되었기에 등기를 해보지도 못했다. 6,000만 원을 손해 보고 우여곡절 끝에 분양권도 처분했다. 계약금 5,000만 원과 지난 2년간 저축할 수도 있었던 1,000만 원이 고스란히 공중분해되었다. 빈손을 탈탈 털며 울상 짓던 그 순간, 박 부장의 충고를 듣지 않은 것을 뼈저리게 후회했다. 원상에게 지난 2년이 일장춘몽 같았다.

# 16장

박재상 이야기 2 - 잔인한 욕심

～～～～～～～～～～～～～～～～～～～～

재상은 통장에 찍히는 2억 원을 볼 때마다 황홀한 느낌이었다. 번 듯한 집과 2억 원의 통장 잔액 덕분에 고통의 출근길도 늘 행복으로 충만했다. 돈의 힘은 그렇게도 대단했다. 실제 사지 않아도 통장 가 득한 돈으로 뭔가를 사는 상상만으로도 엔도르핀이 마구 치솟았다. 머릿속으로 벤츠를 사고, 명품을 사고, 해외여행을 가는 등의 상상 을 즐겼다.

하지만 실제로는 한 푼도 쓰지 않았다. 지난번 분양권 처분 시점 이 조금만 늦었다면 2억 원을 벌었을 텐데, 1억 5천만 원을 벌었어도 5,000만 원을 손해 본 것만 같았다. 분명 더 큰 돈을 벌 수 있을 거라는 생각이 뇌의 전두엽까지 전해져서 판단력이 흐려졌다.

원상에게 집을 사라고 권한 후 재상은 더 큰 꿈을 꾸고 있었다. 원상이 5억 원짜리 집에 당첨되어 좋아하던 무렵 재상은 내색은 하지 않았지만 10억 원짜리 집에 당첨되어 속으로 쾌재를 부르고 있었다. 부동산에 늪이 있다면 행복의 늪이었다. 빠져들수록 황홀함에 도취하여 그 속으로 빨려 들어가고 싶은 마력이 있었다. 분양 경기가 좋아서인지 계약금이 20%였지만 재상에게는 문제되지 않았다. 40%의 중도금도 건설사에서 대출을 알선해준다고 했기에 시간 여유가 충분하다고 판단했다.

두어 달이 지난 뒤, 프리미엄 5억 원을 장담하는 글들이 게시판을 도배했으리라는 기대감을 가득 안고 카페에 들어갔는데 부정적인 글이 너무 많았다. 과거처럼 시샘하는 무리가 또 판을 치는구나 하고 인터넷 창을 닫았지만, 마음 한편이 너무 찝찝해서 사흘이 멀다고 부동산투자 카페를 들락거리기 시작했다. 그 결과 원상에게 분위기가 좋지 않으니 1,000만 원 프리미엄만 받고 팔라고 권할 정도의 전문가가 되었다.

"원상아, 형님 말 들어라. 욕심이 화를 부른다. 머리 꼭대기에서 팔려 하지 말고 어깨에서 팔아라."

"저도 부장님처럼 1억 5천만 원은 벌어야지요."

"어이구, 답답한 사람아. 부동산엔 경기라는 게 있는 거다. 내가

대한민국 부동산 흐름 읽는 법

지금 사는 집도 과거에 미분양 난 거 할인 분양으로 샀단 말이다."

그러나 박재상은 겉보기엔 전문가 같았지만 정작 자기 앞가림도 못할 만큼 위기 상황으로 빠져들고 있었다.

다양한 방법을 찾아봤다. 먼저 부동산 투자카페 게시판에 글을 남겼다.

Q: 잔금을 다 치를 능력이 안 되는데 어떻게 하면 좋을까요?
A: 일단 대출을 최대한 받고 그래도 안 되면 전세를 놓으면 됩니다.

역시 부동산투자 카페에는 전문가들이 넘쳐났다. 저렇게 좋은 방법이 있다니, 근심 걱정이 사라졌다. 원상이의 일은 참 안됐지만 그래도 자신은 숨통을 틀 길을 찾아서 다행이었다. 미리 근처 부동산 중개소에 들러서 전세 세입자를 구해달라고 했다.

"이렇게 좋은 집에 입주를 하지 왜 전세를 놓으세요?" 부동산 중개소 소장이 물었다.

"자금 사정이 넉넉지 않아서 부득이하게요."

"요즘 사장님처럼 자금 사정이 여의치 않아서 전세 놓으러 오시는 분들이 많아요."

"대출을 꽁꽁 막아버리니, 무슨 공산주의 국가도 아니고 참 답답한 노릇입니다."

"나라에서 부동산 경기를 다 죽여놔서 저도 입에 풀칠하기도 힘들

지경이에요. 옆 부동산 중개소도 서너 달 동안 거래 하나 성사하지 못해 문을 닫고 말았다니까요."

한 달, 두 달, 석 달, 재상은 오늘도 휴대전화를 들었다 났다 하며 안절부절못했다. 남들보다 한발 앞서 세입자를 구하려고 집을 내놓았는데도 중개소는 감감무소식이었다. 애꿎은 전화기만 노려보았다. 구름 위를 걷는 기분에서 이제는 구름에 위태하게 매달려 정처 없이 둥둥 떠다니는 느낌이었다.

구름 위를 볼 때는 몰랐지만, 구름 아래를 본다는 것은 두려움 그 자체였다. 잔금 지급 시기가 다가올수록 깊은 늪 속으로 빠져드는 듯했다. 행복에 겨워 영원히 빠져버리고만 싶었던 그 늪이 박재상의 목을 조여왔다. 점점 숨쉬기가 힘들어졌고 갑갑증이 찾아왔다. 자다가도 갑자기 벌떡 일어나 앉았다. 언제부터인지 매일 밤 잠에서 깨면 온몸이 땀으로 흠뻑 젖어 있었다.

잔금 지급일이 한 달 앞으로 다가왔다. 재상은 전화기를 들었다. 부동산 중개소 소장은 자기 일이 아니라는 듯 여유 있는 목소리로 조금 더 기다려달라고 했다.

재상은 이제는 숨이 안 쉬어지는 느낌이 들었다. 좁은 공간의 갑갑함을 참기 힘들고 다른 일을 하다 문득 '내가 숨을 쉬고 있나?'라고 자각하는 순간 한참 전부터 숨을 쉬지 않았다는 것을 느끼고 가쁘게 숨을 몰아쉬었다. '아, 빨리 집 문제가 해결되어야 할 텐데……'

잔금 지급일이 하루 앞으로 다가왔다. 도저히 참을 수 없어서 중개소에 전화했다.

"소장님 저 박재상인데요. 정말 세입자가 없습니까? 소개비가 부족해서 그런가요?"

"아이고, 그렇지 않아도 연락을 드리려고 했었는데요! 요즘 도통 집을 보러 오는 사람이 없는 걸 어쩌죠? 박재상 님보다 1억 원 싼 전세도 세입자를 구하지 못해 발을 동동 구르고 있는 실정이라 전세 보증금을 더 낮추라고 연락하려던 참이었어요."

남의 속도 모르고 천하태평인 것 같은 소장이 원망스럽기만 했다.

"우리 집은 1억 5천만 원 싸게 해서 7억 5천만 원에 놔 주세요."

재상은 서둘러 말하고 전화를 끊었다. 답답함에 가슴이 조여왔다. 다시금 자금 상황을 복기하니 5억 원이 부족했다. 처음의 계획은 기존 집을 팔아 부족한 4억 원을 충당하는 것이었다. 1억이 아쉬운 판에 분양가에서 뭔 놈의 옵션이 자꾸 붙는지 베란다 확장에, 시스템 에어컨에, 붙박이 가전까지 해서 1억 원이나 추가된 것이었다. 전세만 나갔어도 아무 문제가 없었을 텐데 일이 복잡해져서 자금을 융통할 길이 사라지고 말았다.

급한 마음에 부동산투자 카페에 질문을 올렸다.

Q: 잔금일에 잔금을 치르지 못하면 어떻게 되나요?
A: ……

집 살까 말까 고민하는 게시글에는 답이 빨리도 올라오더니 영 답변이 없다. 급한 마음에 포털 사이트를 검색했다. 다행히 신문기사 링크와 자세한 설명이 나와 있었다.

창원·구미·충주 등 '마이너스 P'에 초토화 ··· "지방 부동산 다 죽어간다."

지방 부동산시장이 추락하고 있다. 입주 후에도 절반 이상 비어 있거나 미분양이 장기화하는 단지가 속출하고 있다.

13일 한국감정원에 따르면 지난주 전국 17개 시·도 중 아파트값이 오른 곳은 서울 세종 등 여섯 곳에 불과했다. 경남(-0.22%) 울산·제주(각 -0.12%) 경북(-0.11%) 순으로 낙폭이 컸다.

충북 충주 중앙탑면에 있는 '미진이지비아' 아파트는 지난해 11월 입주를 시작했다. 이 아파트는 13일 현재 70% 분양이 완료됐지만 입주율이 미진해 10가구 중 7가구가 빈집으로 남아 있다. 입주 지정 기간은 지난달 17일까지였지만 지금까지 총 782가구 중 223가구만 입주했다. 밤이 되자 불이 켜진 가구는 1개동에 4~5가구에 불과했다.

불 꺼진 아파트는 조선경기 침체의 직격탄을 맞은 경남에서 시작해 경북 구미, 충북 충주, 충남 천안 등을 거쳐 경기 평택 화성 시흥 등 수도권 남부까지 북상했다. 건설사들이 분양 열기에 편승해 한꺼번에 너무 많은 물량을 공급한 결과다. 지역 산업 경기 침체도 한몫했다.

○조선경기 침체 직격탄 맞은 거제

이날 오후 8시에 찾은 경남 거제 옥산리 '오션파크자이' 아파트도 상황은 비슷했다. 1개동 40가구 중 12가구에서만 창문 사이로 불빛이 새어나왔다. 아파트 안으로 들어가 보니 일부 가구 출입문엔 도어록 포장 비닐이 그대로 붙어있었다. 이 아파트는 지난해 9월 입주했다. 지난 1월 말 기준으로 783가구 중 223가구가 미분양이다.

거제 지역 부동산 침체는 조선업이 무너지면서 찾아왔다. 조선사 협력업체 수백 곳이 자리를 뜨면서 공급은 적체되고 수요는 사라졌다. 지난 11일 고용노동부가 발표한 '1월 노동시장 동향'에 따르면 경남에선 지난해 같은 기간보다 조선업종 취업자 수가 2만3,000명(25.1%) 줄었다. 지난달 31일 입주한 거제 상동동 '센트럴푸르지오' 인근에는 중개업소들이 자리를 떠나 지금은 한 곳만 남아 있다. 한때 200만 원까지 붙었던 웃돈은 마이너스 4,000만 원으로 주저앉았다.

인근 L공인 관계자는 "지금 아파트 전·월세가는 3년 전 다세대주택 임대료 수준"이라고 전했다. 옥포조선소에서 가까운 '거제 더샵 블루시티' 등 입주를 앞두고 있거나 시작한 아파트는 예외 없이 5,000만 원 안팎의 마이너스 프리미엄에 시달리고 있다.

○창원 마이너스 프리미엄 8,000만 원

창원에선 중개업소에 나온 매물 10개 중 9개가 급매다. 중개업소 창문엔 '급매' '급급매' 등이 빨간 글씨로 붙어 있는 게 일상이다. '더샵센트럴파크', '센텀푸르지오' 등 대형 건설사 브랜드 아파트들은 한때 5,000만 원까지 웃돈이 붙었지만 지금은 분양가보다 최대 8,000만 원 저렴하다.

창원 가음동 '더샵센트럴파크' 전용 98㎡는 지난달 분양가(5억 3,000만 원)보다 8,000만 원 떨어진 4억 5,000만 원에 손바뀜했다. 한때 웃돈이 7,000만 원까지 붙어있던 매물이다.

오는 8월 입주를 앞둔 창원 마산합포구 월영동 '창원 월영 사랑으로' 아파트는 전체 2,498가구 중 177가구만 분양을 마쳤다. 부영이 창원시에 미분양 물량을 1408가구(43.9%)라고 부풀려 신고한 사실이 들통나기도 했다. 부영은 할인분양하거나 임대로 돌리는 것을 검토 중이다.

출처 – http://news.hankyung.com/article/2018021307821 한국경제신문

대한민국 부동산 흐름 읽는 법

◎지역명 + 마이너스 프리미엄이라고 검색하시면 지방에는 수많은 마이너스 프리미엄 뉴스들이 나오네요. 하나만 불러 와볼게요. 링크에 있는 글 내용 일부를 보시면 "창원 가음동 '더샵 센트럴파크' 전용 98㎡는 지난달 분양가(5억 3,000만 원)보다 8,000만 원 떨어진 4억 5,000만 원에 손바뀜했다. 한때 웃돈이 7,000만 원까지 붙었던 매물이다"라는 부분을 볼 수 있어요.

◎마이너스 프리미엄이면 그냥 포기하면 되는 거 아닌가요? 아니요. 그냥 포기하면 손해가 더 커요. 아래 사례들을 보시면 아시겠지만, 돈도 포기하고 시행사와 소송도 불사할 각오가 있어야 할 것 같아요.

---

**• 부동산 계약 해지 사례 ①**

12월 입주를 앞두고 있지만, 현재 재정 상태가 최악의 경우가 발생하여 입주 불가

계약금 : 16,000,000원이 들어간 상태이며 중도금 4차까지 은행에서 완료하였으며, 잔금이 남아 있는 상태입니다. 부동산 중개소에 의뢰했지만, 전매도 되지 않고, 전세 또한 되지 않는 사항입니다.

지금 시점에서 계약 포기가 가능한지요, 포기하게 되면 어떤 불이익이 발생하나요?

  – 계약 포기는 불가능합니다. 주택법상에 계약해제는 시행사의 권한입니다. 요즘 어려운 시기에 분양계약 해제는 안 해줄 것으로 생각됩니다.

  – 만약 분양계약을 해제 가능 시 일반적인 조건 사항 : 계약금 10% 금액 완납, 기납부된 중도금이자 납부

**• 부동산 계약 해지 사례 ②**

이사로 인해 다른 지역에 와있고 전세, 매매도 안 되는 상황이라 분양 포기하고 싶은데요.

위약금 10% 및 은행이자는 저희가 내야 하는 거 알아요. 근데 아직 미분양이라 그런지 해지하겠다니깐 소송을 하겠다며 협박을 하는데 저희가 분양 포기를 못 하나요?

  – 계약을 해제할 수 있습니다. 첨부하신 계약서 제2조 제3항에 의하면 을은 자신의 사정으로 인한 경우 스스로 이 계약을 해제할 수 있겠다고 되어있습니다. 다만 중도금을 1회라도 납부한 경우에는 갑이 인정하는 경우에 한한다고 되어 있으므로 중도금 납부 전이라면 언제든지 해제할 수 있습니다.

• 부동산 계약 해지 사례 ③

실거주를 목적으로 미분양아파트를 계약금 10%에 계약했습니다. 60%는 중도금 무이자이며 나머지 30%는 입주 시 잔금을 치르는 경우입니다. 갑자기 직장 폐업으로 인해 퇴사하게 되어 금전적으로 문제가 생겨 잔금 치를 능력이 안 될 듯해서 아파트입주를 포기해야 할 것 같습니다. 이런 경우 어떻게 되나요? 분양에 대해 정말 1도 모르는 상태에서 새 아파트만 욕심 냈었네요.ㅠㅠ

- 중도금 납부 전일 경우는 계약해지 시 계약금만으로 계약을 취소할 수 있습니다. 그러나 중도금까지 지급된 상태라면, 계약의 진행단계이기에 계약금만으론 해지가 안 되고 손해배상도 함께 해야 합니다.

- 아울러 지금 미분양아파트를 계약했다고 했으니, 분양권을 원래 가격에 팔긴 힘들 거라고 생각됩니다. 일정 금액 손해 보는 방법으로 분양권 양도거래를 하시던가, 친지들의 도움을 받아 잔금을 치른 후 입주하는 방법이 나을 것 같습니다.

• 부동산 계약 해지 사례 ④

저는 경남에서 약 2년 전 대단지 1군 업체가 시공 중인 아파트를 분양받았습니다. 지금은 공사가 한창 진행 중이며 내년 하반기에 입주 예정입니다. 그러나 분양 신청할 당시에 비교해 현재 경기가 너무 나빠져 제가 분양받은 아파트는 약 80% 정도 분양률을 기록 중이며 주위 아파트는 미분양이 속출하고 있고 저 또한 개인 사정으로 입주를 포기했으면 합니다.

총 분양 금액은 옵션 포함 3억 원 정도이고. 계약금과 6차 중도금까지 납부한 상태입니다.

참고로 현재 저의 분양권을 살 사람은 없어 보이며 제가 분양받은 아파트도 상당한 마이너스 프리미엄을 주고도 팔리지 않고 있는 상태입니다.

1.분양권 포기 시 계약금 및 옵션비 등 제가 지급한 금액 4천만 원은 어떻게 되나요?

- 분양 포기 시 지급된 금액은 분양 회사가 챙깁니다.

2.분양권 포기 시 은행에서 지급 중인 중도금 및 중도금 이자는 누가 지급해야 하나요?

- 분양 포기하신다 해도 중도금대출의 빚은 분양자에게 돌아갑니다.

3. 분양권 포기 시 어떻게 해야 제가 손해를 최소화할 수 있을까요?

- 최소화하는 방법은 양수인을 찾는 방법입니다.

지식IN 게시글을 보면 볼수록 절망적이었다. 주위에 어려움을 겪은 질문과 답변 상황이 저렇게도 많은데 왜 나는 한 번도 저런 사실을 인지하지 못했나……. 최악의 경우 과거에 벌었던 1억 5천만 원 이상의 돈이 이번 투자의 실패로 모두 사라질 수도 있다는 말들 아닌가.

재상의 대출한도는 3억 원, 모자라는 돈 5억 원은 하늘이 무너져도 생길 수 없는 금액이었다. 분양권을 매물로 내놓았지만 매수자 문의조차 없었다. 기존에 보유한 집도 가격을 낮추어 3억 5천만 원으로 매물로 내놓았지만 역시 문의 자체가 한 건도 없었다.

은행이자가 3%인데, 지연이자가 6%라니, 분양권 당첨의 행운으로 건설사에 엎드려 절하던 마음은 싸늘하게 돌아섰다. 1개월, 2개월, 3개월, 잔금 연체 이자를 내며 버티는 피 말리는 시간이 계속되었다. 최종적으로 계약 해지를 통보받았다. 상승기에는 그렇게 많던 투자자들이 흔적도 없이 사라지고 없음이 원망스러웠다. 가족들에게도 미안했다. 다 같이 잘살기 위해서 벌인 일이지만 그 책임의 화살은 재상만 향하고 있는 것 같아 괴롭기 그지없었다. 하지만 아내에게 말할 용기조차 나지 않았다. 멍하니 바라본 하늘은 눈부시게 푸르렀다. 그 푸르름이 재상을 더욱 죄스럽고 서럽게 했다.

첫 번째 투자로 분양권을 1억 5,000만 원의 프리미엄으로 처분했을 때 모두에게 1억 5,000만 원을 벌었다고 떠벌렸지만, 약 4,000만 원 가까운 분양권 양도소득세를 내고 나니 실제 수익은 1억 1,000만 원 정도였다. 두 번째 투자로 이전 투자수익의 2배 이상 손실을 보았다. 투자로 번 돈 그리고 열심히 회사생활을 하면서 번 돈까지 한순간에 블랙홀처럼 빨아들여 가버렸다. 청춘과 시간까지도 다 빼앗겨버린 느낌이었다. 재상은 지난 20년 세월의 직장생활이 아무것도 아닌 것 같았다. 초심자의 행운이었을까? 투자에 앞서 최악의 경우를 상정하지 않은 불찰이었을까? 승리의 여신은 재상에게 두 번 미소 짓지 않았다.

# 17장

이삼상의 이야기 - 공수래공수거

〜〜〜〜〜〜〜〜〜〜〜〜〜〜〜〜〜〜〜〜〜〜〜〜〜〜

이삼상은 누가 봐도 부러워할 만한 사람이었다. 연봉 1억 원, 수많은 동료가 함께 입사했다가 더는 버티지 못하고 나가는 순간에도 끝까지 살아남은 1인이기에 삼상의 이야기는 신화처럼 남을 것 같았다. 모두가 부러운 눈으로 삼상을 바라보았지만, 남에게 말 못할 고민이 많았다. 도대체 삼상에게는 무슨 일이 일어났던 걸까?

이 세상을 원망의 대상으로 만든 것은 다름 아닌 가장 큰 자랑거리였던 아들부터였다. 인서울 상위권 대학에 진학한 아들은 참으로 대견스러웠다. 하지만 삼상이 아들을 가졌던 30살이 되었는데도 뭐가 부족해서인지 결혼을 하지 못했다. 결혼은 고사하고 취직조차 하지 않았다. 온갖 연줄을 동원해 등 떠밀어 보냈지만, 아들은 도무지 회사생활을 할 마음이 없는지 번번이 한 달도 채우지 못하고 집으로 돌아왔다. 삼상의 한숨은 날로 늘어갔다.

늘어나는 한숨만큼 통장 잔액이 늘어난다면 걱정은 없을 테지만, 1억 원이라는 연봉이 무색할 만큼 돈이 모이지 않았다. 가계부를 보면 항상 현상 유지에 급급했다. 한 달 실수령액 630만 원 중 보험료가 80만 원, 관리비 40만 원, 차량 유지비 40만 원, 생활비 300만 원, 아버지 요양원비 100만 원, 경조사비 20만 원, 금융이자 50만 원을 제하고 나면 남는 돈은 항상 0원이었다.

첫 번째 집은 온전히 삼상의 돈으로 샀지만 두 번째 집은 4억 원짜리 집을 구매하면서 생긴 2억 원의 대출금이 남아 있다. 물론 첫 번째 세입자를 구했을 때 대출금은 모두 갚을 수 있었다. 세입자가 바뀔 때마다 집값은 올랐고 그때마다 보증금은 2억 원에서 3억 원으로, 3억 원에서 5억 원으로 커져만 갔다. 남들이 보기에는 아파트 두 채를 가진 16억 원의 자산가였다. 하지만 실상은 달랐다. 두 번째 집은 8억 원이지만 전세보증금 5억 원을 제하면 3억 원밖에 남지 않는 기막힌 상황이었다. 전세보증금으로 자식 교육시키고, 여행 다니고, 남들보다 조금 여유롭게 사느라 많이 써버린 것이 문제였다. 집 두 채를 보유해 남들의 부러움을 한 몸에 받았지만 국민연금으로 받게 될 150만 원이 유일한 노후의 수익원이었다. 어디에선가 돈을 더 벌어두어야 한다는 생각에 마음이 조급했다.

두 번째 집을 구매하면서 퇴직금을 중간정산으로 당겨서 보태느라 퇴직금이 미미하게 남아 있었다. 아파트가 두 채나 있으면 뭐하나. 자식 걱정에 노후 걱정에 나이에 맞지 않은 주름이 하나씩 자리 잡았다. 지인의 딸은 노처녀로 늙어가서 부모 속을 썩인다지만, 삼상의 딸은 집에 돈 한 푼 보태주지 않고 대학을 졸업하고 취직하기가 무섭게 저 살길만 찾아서 가버린다고 하니 원망의 마음이 들었다. 원망보다 더한 것은 시집가려는 딸이 혼수로 많은 것을 해가길 바라며 즐거워하기만 할 뿐 차마 싫은 내색도 못하고 속으로 끙끙 앓고 있는 아빠의 마음을 몰라준다는 사실이었다.

많은 연봉에 비해 회사에서의 책임은 너무 가벼웠다. 그저 결재 도장만 눌러주면 되니 시간이 참 무료했다. 부하직원들은 발바닥에 땀이 나도록 뛰어다니고 젊은 친구인데도 자기만큼이나 흰머리가 난 걸 보면서도 미안한 마음은 없었다. 삼상도 젊었을 때는 참 열심히 살았었지 생각할 뿐이었다.

신문을 펼쳐 들었다. 엄청난 분양 열기를 알리는 기사가 1면을 장식했다. 청약만 당첨되면 로또라는 로또 아파트가 뭐 그리 많은지. 1회차에 10명 안팎인 로또 1등 당첨자보다 많은 것 같았다. 1주일이 멀다 하고 로또 아파트는 500가구씩 연이어 분양했다. 처음 신문기사를 봤을 때는 그저 저런 거 당첨되는 사람은 복도 많다고 생각하며 지나쳤지만, 반복해서 나오는 기사에 어느덧 현혹된 삼상은 로또 아파트에 당첨되는 환상에 빠져들었다. 정말 로또가 맞는지 계산해 보았다.

| 과천 행복필드 아파트 (단위: 만 원) | | | | | | | | | |
|---|---|---|---|---|---|---|---|---|---|
| 과천 행복필드 20층 | 매수 비용 | 계약금 | 중도금 | | | | | | 잔금 |
| | | | 중도금 이자 후불제 | | | | 자납 | | |
| | | | 1 | 2 | 3 | 4 | 5 | 6 | |
| | | 18. 9.10 | 19. 1.10 | 19. 5.11 | 19. 9.10 | 20. 1.10 | 20. 5.10 | 20. 9.10 | 21. 1.10 |
| 59㎡ 분양가 | 80,000 | 8,000 | 8,000 | 8,000 | 8,000 | 8,000 | 8,000 | 8,000 | 24,000 |
| 발코니 | 1,500 | 150 | | | | | | | 1,350 |
| 발생이자 (4%) | 약 1,920 | | 640 | 533 | 426 | 320 | | | |
| 계약금, 자납 이자 비용 | 약 1,665 | | | | | | 213 | 106 | |
| 취득세 | 약1,800 | | | | | | | | |
| 계 | 86,885 | | | | | | | | |

모든 돈을 빌려서 아파트를 산다는 가정 하에 계산해보니 분양가 8억 원짜리 로또 아파트가 약 8억 7천만 원이나 들었다. 정말 로또가 맞나 하는 의심은 1초 정도 뇌리를 스쳐갔을 뿐이었다. 청약 당첨만 되면 주위 비슷한 평형의 아파트가 10억 원이니 12억 원 정도로 시세가 형성될 거라는 말과 강남에서 아파트가 평당 1억 원에 거

래되었다는 말을 동시에 떠올리며 청약에 도전하기로 했다.

삼상에게 돈이 있는 것은 아니었다. 청약 시점까지 시간이 많이 남아 있을 뿐이었다. 언제나 그래왔듯이 일단 저지르고 나면 해결되게 되어 있었다.


젊은 직원들이 일은 하지 않고 이야기를 나누고 있었다. 그들도 회사생활로는 계층 상승이 불가능하다고 느끼고, 부동산 투자가 계층 상승을 위한 사다리가 될 수 있다고 믿었기에 모일 때마다 부동산에 관한 이야기가 부쩍 많아졌다. 이번 정부는 부동산을 확실히 잡을 거라고 수군거렸다. 보유세를 올린다는 뉴스와 부동산 규제 지역에 대해 이야기들을 했다. 귀를 쫑긋했다. 삼상이 사는 과천에 대한 이야기가 나왔다. '과천이 투기과열지구라느니 현금 부자만 집을 살 수 있다느니……'

슬그머니 자리로 돌아와서 정보를 검색했다. 과거와는 달리 투자 환경이 복잡해져 있었다. 기회 있을 때 자세히 수익 구조를 계산해보기로 하고 귀를 닫았다. 재빨리 정보 검색을 시작했다. 청약을 앞두고 해결해야만 하는 문제가 있었다. 2주택자는 청약이 불가능하다는 점이었다. 종부세, 보유세 문제로 머리가 아팠는데 이번 기회에 겸사겸사 두 번째 집을 정리하기로 했다.

부동산 중개소를 하는 친한 친구 덕방이와 약속을 잡고 소주도 한 잔 샀다. 아들에게 집을 증여(당사자의 일방[증여자]이 무상으로 재산을 상대방[수

증자)에게 주는 것, 상속은 사망으로 인한 재산을 계승하는 제도)하고 아들에 대한 고민마저 떨쳐버리기 위해서였다. 퇴직하고 제2의 인생을 시작하려니 정리할 것이 참 많았다.

집값이 조금 내려서 증여가액이 7억 원이라고 했다. 증여세는 약 1억 3000만 원이라고 했다.

"뭐 좋은 방법 없나? 증여가액을 4억 원 정도로 신고한다든지……예전에는 탈세도 참 많이 하던데. 말이 좋아 내 집이지 두 번째 집 살 때, 내 돈 2억 원에 대출금 2억 원을 보태서 샀는데. 자식 교육시키고, 뒷바라지하느라 전세보증금 야금야금 빼내 쓰다 보니 결국에는 절반 이상이 빚이라네."

"방법이 있긴 하지, 부담부 증여라고 부채도 함께 물려주는 방식이야. 7억 원짜리 집에 5억 원이 전세보증금이면, 전세보증금 5억 원을 부채로 넘겨주는 거야."

"그러면 세금이 확 줄어드나?"

덕방이는 부동산114 앱을 켜더니 증여세를 계산했다.

"증여세가 1억 3,000만 원에서 4,000만 원으로 줄어드니 절세 효과는 클 거야. 그런데 그게 자네 집 맞기는 한가?"

"아 이 사람아! 간 떨어질 뻔했네. 진작에 부담부 증여를 가르쳐주지!"

"자네 큰 애가 아직 일자리가 없다며? 괜히 편법적인 방법을 쓰다가 가뜩이나 심해진 세금착취에 걸려들까 봐 몸 사릴 때라서 그랬지."

"하긴 기업들 실적이 부진해지면서 세금을 걷으려고 혈안이니 몸

대한민국 부동산 흐름 읽는 법

사릴 만도 하지. 4,000만 원도 내겐 엄청 큰돈이야. 널린 게 돈인 줄 알았더니 쓸려고 찾으니 만 원짜리 한 장도 지갑에 없지 뭔가."

"근데 삼상이 이 사람아, 부담부 증여로 해도 증여세 4,000만 원이 다가 아니라네. 자네 얼마에 집 샀나?"

"4억 원에 샀지. 그때 자네가 소개해줘서 내가 소고기 거하게 사지 않았나?"

"아이고, 머리 아파. 부담부 증여는 증여세가 다가 아니고 양도소득세를 내야 한다네. 잠시만 기다려보게. 금방 국세청 양도소득세 계산기로 계산해볼 테니. 보자, 양도소득세가 약 7,000만 원 정도 나오겠구먼."

"아니, 뭐야! 내가 내야 할 세금이 증여세 줄인다고 끝나는 게 아니란 말인가. 이 나라는 어찌 된 게, 세금만 잔뜩 뜯어가나!"

"자네가 좋다고 노래 부르던 자본주의가 원래 그런 거야. 왜 우리 한창 데모하러 다니고, 자본론 읽으면서 공감할 때 생각나지 않나? 세월이 정말 빠르게 지나가 버렸지만. 노예제, 봉건제, 자본주의 그 어떤 것도 개인을 위한 나라는 존재하지 않는다는 사실 말이야. 그래도 우리는 자본이 상품을 만들고 그 상품이 증가한 자본을 가져다주는 아름다운 자본주의 구조의 혜택을 참 많이 봐왔던 것 같네."

"혜택 같은 소리 말게. 우리가 제공했던 노동의 대가를 제대로 받기를 했나? 노동력의 대가라고 쥐어진 자본이라고 해봐야 내 통장에는 딸년 시집 밑천인 1억 5천만 원이 전부라네. 회사 사장 좋은 일만 다 시켰지. 회사는 그동안 얼마나 많이 성장했다고."

"하긴 그러네. 삼성 다니다 명예퇴직한 성삼이, 자네도 알지? 성삼이를 보니 삼성물산에서 지은 래미안에 살면서 르노삼성 자동차타고, 삼성가전이 집에 잔뜩 있고, 삼성 휴대전화를 매년 바꾸며 들고 다니더니 남은 건 늙어가는 몸뚱이뿐이더구먼. 성삼이가 했던 노동도 결국 자본가의 부를 증식하는 도구였다며 한숨 쉬더구먼. 사람은 죽어서 이름을 남기는 게 아니고 삼성 브랜드만 남긴다고 재벌욕 오지게 하던데, 성삼이 그 친구가 크게 공헌했지."

"기업만 나의 잉여노동시간을 앗아가는 것이 아니고 나라마저 나의 자본을 착취해가는 구조라니, 오랜만에 거하게 욕이나 한 바가지 해야겠다. 에이, 자본주의 니X X8!"

"그나저나 자네 세금 다 내고 증여하기에는 무리 아닌가? 좀 늦추지 그래?"

"새로 청약을 하려니 발등에 불이 떨어져서 그러지. 내 집도 마음대로 증여 못하고, 자본주의 나라 꼬락서니 잘 돌아간다. 니X X8."

"자본주의 욕하는 자네 보니 옛 생각이 더 많이 나는구먼. 이러다 너무 늦어지겠네. 오늘은 늦었으니 막잔하고 헤어지세."

숙취 때문인지 증여 때문인지, 삼상은 머리가 깨질 듯 아파서 잠을 깼다. 마침 전세 세입자에게서 전화가 왔다. 어째 느낌이 싸해서 통화버튼을 누르기가 망설여졌다. 전화 수신음과 진동이 교차로 울려대는 통에 정신이 하나도 없었다. 받아야 하나 말아야 하나 계속 갈등했다. 두 번째 집을 전세로 주면서 5억 원의 전세보증금이 걸려 있던 터라 주위 전세 시세가 내린다는 말이 마음에 걸려서 갈등하다가 전화를 받지 못했다. 그러자 카톡음이 울렸다.

'안녕하세요, 사장님. 세입자입니다. 제가 직장을 인근 지역으로 옮기게 되어 이사를 해야 할 것 같습니다. 때마침 전세 만기 시점과 이직 시점이 같아서 연락 드립니다. 전세 기간 만료 3개월 전에 연락드리니 잔금 꼭 잘 부탁합니다. 이사는 계약 종료일에 가도록 하겠습니다.'

문자메시지면 못 본 척하려 했는데 젠장맞을 카톡이라 얼떨결에 읽어버렸다. 세입자는 읽음 확인 표시가 떠서인지 다시 연락하지 않았다. 고민에 고민이었다. 주변의 전세 시세를 알아봤다. 얼어 죽을 전세가가 4억 원이라고 했다. 전세 세입자가 그대로 살아주기만 하면 다시 집값이 오르고 모든 게 원점을 찾아갈 수 있으리라 생각했는데. 생각지 못한 복병이 도사리고 있었을 줄이야…….

우선 덕방이에게 전화해서 세입자를 구한다고 알렸다. 일주일이나 지났는데 아무 연락이 없었다. 마음이 급해지니 덕방이만 기다릴 수 없어 인근 부동산 중개소 열 군데 모두 들러 세입자를 구한다고 알렸다. 전세보증금은 4억 원. 당장 1억 원을 구할 길이 없지만 어쩌겠는가. 시세가 그러한 것을.

한 달이 지났는데도 여전히 연락이 없었다. 슬그머니 아내 전화기를 가져와 부동산 중개소에 전화를 걸었다.

"요새 전셋집 좀 있습니까? 이 동네 참 살기 좋아 보이는데."

"아이고, 사장님! 좋은 집 진짜 많지요. 지하철역 가깝고, 학교 가깝고, 공원 가깝고 여기보다 살기 좋은 데도 없을 거예요. 전세물건이 가끔 나오기는 하는데 너무 귀해서 오셔서 보시면 좋겠네요. 언제? 아니, 오늘이라도 시간 되시면 저희 부동산에 들러주세요."

전화를 끊고 나니 조금 안심이 되었다. '그래, 시간이 약이지. 조금만 더 기다려보자.' 이놈의 속은 뭔가 단단히 막혔는지 입맛도 없고 사는 맛도 없는 것이, 전화를 기다리는 낙으로 사는 수밖에 없었다. 덕방이는 연락조차 없었고 보름 후 다른 부동산 중개소에서 전화가 왔다.

"사장님, 혹시 전세보증금 3억 8천만 원에 내놓을 생각 없으세요? 이 동네가 전세 잘 빠지기로 유명한데 요즘은 개미 새끼 한 마리 안 보이는 게 참 이상하네요. 여기서 부동산 장사 10년 했지만 이런 경우는 처음이에요. 매물과 전세물건이 얼마나 쌓이는지, 거래도 안 되니 밥 벌어 먹고살기 힘드네요."

삼상은 부아가 치밀었다. '지난번 문의 전화를 했을 때는 매물도 없다더니, 전세가 귀하다고 설레발치더니 뭐가 어쩌고 저째?'

"한 푼도 양보할 생각 없소."

"뚜뚜뚜……"

삼상은 서둘러 전화를 끊었지만 기대고 비빌 언덕이라고는 없었다. 때마침 전세 세입자를 묶어두는 방법이 생각났다.

"김 선생, 나 집주인인데 전세보증금 못 돌려주니 그냥 사시오."
일단 고자세로 나갔다.

"전 석 달 전에 고지해 드렸잖아요. 이사 가기로 한날 전세보증금 꼭 돌려주세요. 이사 갈 집에 계약금도 100만 원 걸어뒀단 말이에요."

"나는 한 푼도 없으니 내 알 바 아니오."

"뚜뚜뚜……"

'카톡!'

'아! 또 보고야 말았다.' 법적 절차를 진행하겠단다. 삼상이라고 돈을 안 주고 싶겠는가. 없으니 못 주지, 세입자가 큰소리치다니 세상 좋아졌다고 가래침을 뱉는데 침이 주욱 늘어지며 바닥으로 떨어지지 않는 것이 심상의 기분마냥 뒤끝이 영 찝찝했다.

계약 만료 일주일 전 음료수를 사 들고 찾아갔다. 젊은 사람이 어른이 말하면 고분고분하게 들을 것이지. 어른께 공손히 전화로 말해야지 어찌 카톡만 그리 띡 보내냐고 준비해 간 말들은 차마 꺼내지도 못하고 핀잔만 늘어놓았다. 세입자 고집도 보통이 아니었다. 법대로 하자는 말에 할 말을 잃고 음료수만 남겨둔 채 뒷걸음을 치며 자리를 벗어났다.

부동산 중개소에서는 여전히 전화 한 통 없었다. 4억 원에 전세 내놓은 집이 수두룩한데 집이 안 나가긴 매한가지라고 했다. 뾰족한 수가 없었다. 세입자를 물고 늘어지는 수밖에.

"딩동"

세입자가 문을 빼꼼 여는 것이 삼상을 경계하는 듯했다. 삼상은 조금 열린 현관문 사이로 발부터 슬쩍 집어넣었다.

"아이고, 김 선생님이 귀인인 것을 제가 미처 몰라봤습니다."

김 선생님이라는 말이 불쑥 튀어나온 것을 보니 급하긴 엄청 급한 모양이었다. 세입자는 문을 닫으려고, 삼상은 문을 열려고 안간힘이었다. 그 겨루기가 백중지세였으니 누가 60대고 누가 40대인지 구별하기 힘들 정도였다. 60대의 힘겨운 승리로 문틈은 조금 더 벌어졌다.

"아이고 김 선생님 저 좀 살려주세요. 돌려줄 돈도 없고. 법적 절차로 이 집 경매 넘어가면 저 큰일 나요. 저 좀 살려주세요."

어느새 삼상은 무릎까지 꿇고 있었다. 눈에는 눈물이 났다. 제발 살려달라고 살려달라고……. 세입자는 감정에 호소하지 말고 이성적으로 이야기하자고 말문을 꺼냈다. 일단 삼상은 고맙다고 말하며 벌떡 일어섰다.

"네네, 이성적으로 이야기합시다."

"우선 전세 시세가 1억 원이 떨어진 거 같으니 1억 원을 돌려주시고, 이사 갈 집 계약금 100만 원, 이삿짐센터 계약금 30만 원, 부동산 중개수수료 140만 원까지 해서 270만 원 돌려주세요."

"270만 원은 어떻게 되는데, 1억 원은 당장 융통이 어렵겠는데요."

비굴한 모습을 보일지언정 딸의 시집 밑천은 손대고 싶지 않았다.

"그러면 요즘 역월세(집주인이 세입자에게 월세처럼 전세보증금 하락분 만큼의 이자를 지급하는 것)다 뭐다 말이 있던데, 못 돌려주는 전세보증금 1억 원을 6% 이자로 해서 매달 50만 원씩 주세요. 그 정도는 되시겠죠?"

"아, 젊은 양반이 참 빡빡하네! 은행이자가 3%인데 어떻게 6%를 달라고 하쇼?"

"저야 뭐 집 하나 가진 거 없어서 아는 게 있나요? 뉴스에서 그렇다 하니 그렇게 알고 있는 거죠. 이 조건 아니면 저 이사 갑니다. 새로 구한 집은 전세가 3억 5천만 원이라서 그냥 이사하고 남는 돈은 예금이나 해둬야겠네요."

"하루만 말미를 더 줘봐요. 나도 생각할 시간이 필요하지 않겠소?"

집으로 돌아온 삼상은 인터넷으로 폭풍검색을 했다. 젊은이의 말이 틀린 게 하나도 없었다. 삼상의 집을 전세로 주고 삼상이 월세를 줘야 하는 현실이 씁쓸하고 아리송했다. 다시 집값이 오르고 전세가가 올라서 큰소리치는 날이 빨리 오기를 학수고대할 뿐 현실에 순응할 수밖에 없었다.


더러운 꼴을 너무 당해서인지 집에 대한 정나미가 뚝 떨어졌다. 증여세가 무서웠지만 헌 짐짝 내던지듯 아들에게 증여를 결행했다. 묵은 체증이 내려가는 듯했다. 하지만 증여세를 해결하느라 통장 잔고에 있던 딸아이 시집 밑천은 바닥나버렸다.

집값이 조금 내려가기는 했어도 새집에 대한 욕구로 청약 열기는 아직 식지 않았다. 집값 하락에 대한 뉴스, 청약률이 떨어지고 있다는 뉴스가 종종 들려왔지만 눈먼 자들의 도시에서는 자동으로 필터링되는 소식일 따름이었다. 이제 남은 것은 청약 당첨에 대한 희망뿐이었다. 딸의 문제를 해결하기 위해 오매불망 청약만 생각했지만 부동산 때문에 험한 꼴을 당한지라 약간 겁도 났다. 소유권 이전 등기 시까지 전매제한이 걸려 있어서 정말 수익이 날지 의문도 들었다.

시간이 많이 남아서 자세히 계산해 봤다. 계산식이 너무 복잡해서 최대한 단순화했다. '매도가-(취득가+취득세)=양도차익, 양도차익-양도세-부동산수수료-이자 비용=순수익'이라는 식을 만들었다. 부동산114의 양도소득세 계산기를 이용하여 취득세, 양도세, 수수료 등을 계산한 후 최종 순수익을 대략 계산했다.

| 소유권 이전 등기 후 즉시 매도 (단위: 만원) | | | | | |
|---|---|---|---|---|---|
| 취득가 | 81,500 | 81,500 | 81,500 | 81,500 | 81,500 |
| 취득세 | 1,800 | 1,800 | 1,800 | 1,800 | 1,800 |
| 취득가액+취득세 | 83,300 | 83,300 | 83,300 | 83,300 | 83,300 |
| 매도가 | 100,000 | 110,000 | 120,000 | 130,000 | 140,000 |
| 양도차액 | 16,700 | 26,700 | 36,700 | 46,700 | 56,700 |
| 양도세 | 6,600 | 10,200 | 15,400 | 20,900 | 26,400 |

대한민국 부동산 흐름 읽는 법

| 부동산 수수료 | 990 | 990 | 1,080 | 1,170 | 1,260 |
|---|---|---|---|---|---|
| 이자비용 | 3,585 | 3,585 | 3,585 | 3,585 | 3,585 |
| 순이익 | 5,815 | 11,925 | 16,635 | 21,045 | 25,455 |

표를 만들어 놓고 보니 매도가격에 따라 차이가 커보였지만 모두 수익 구간이었다.

내수경기 침체로 회사 매출액이 줄면서 명퇴를 독려하는 분위기였다. 미국이 금리를 인상한다는 뉴스를 접했다. 게다가 우리나라도 금리를 올리면서 시장 유동성을 회수하는 형세가 꺼림칙하기도 했다. 혼란스럽게도 얼마 지나지 않아 미국이 금리를 내렸지만, 각종 규제와 대출 제한으로 부동산 경기가 살아난다는 말은 어디에서도 들리지 않았다.

부동산투자 카페 게시판을 뻔질나게 드나들었다. 어떤 이는 분양받으면 대박이다, 어떤 이는 분양받으면 쪽박이다 하며 상반된 주장들이 난무했다. 하지만 청약에 당첨되기만 하면 8억 원짜리 집이 13억 원이 될 거라고 떠들어대는 글만이 삼상의 눈에 박혔다.

'그래, 남들이 13억 원에 팔려고 하면 나는 12억 원에 팔아야지. 그래봐야 같은 평형 강남 최고가 주택의 절반밖에 안 되는 돈이군.' 딸의 결혼비용은 거뜬히 해결될 것 같았다. 욕심을 비우면 문제 될 것은 없는 듯했다.

청약을 넣어두고 아들 녀석 대입시험 합격을 비는 마음보다 더 간절하게 당첨을 빌었다. 그래서일까 1:50의 경쟁을 뚫고 당첨이 되었다. 자금 조달 계획서에는 기존 주택 처분이라고 기록했다.

출근해서 당첨 문자를 확인하고 또 확인했다. 볼을 꼬집어보고 부하 직원에게 문자 내용을 보여주며 당첨이 확실한지 재차 확인도 했다. 축하해주는 직원을 위해 저녁에는 오랜만에 거나하게 회식도 했다. 이미 삼상에게는 딸의 결혼 비용문제는 해결된 것이나 다름없었다.

점잖기로 유명한 삼상이 근래 들어 심사가 더욱 단단히 뒤틀린 이유는 비단 증여세나 세입자 때문만은 아니었다. 늦춘다고 늦췄지만 딸의 결혼을 더는 미루기 힘들어졌다. 게다가 결혼을 서두르는 딸자식은 "오빠에게는 집을 주지 않았냐"며 더 많은 돈을 요구했다. 비정규직으로 일하면서 월급은 받는 족족 치장하는 데 다 써버리고 집에 한 푼 보탠 적도 없으면서 남들처럼 번듯하게 시집가고 싶다나. 키워준 은혜는커녕 은혜를 원수로 갚으려는 심산이었다. 부모 속도 모르는 것이 요즘 젊은이들 결혼하는 것처럼 집도 반반 혼수도 반반씩 한다고 지랄이 지랄이었다.

"아빠, 나 노처녀로 죽는 거 보고 싶어?"

"옆집에 누구는 돈 벌어서 아빠 외제차 뽑아주고 시집갔다던데, 넌 어떻게 모아놓은 것도 한 푼 없냐?"

'부모 속도 모르는 것 같으니라고!' 생각 없이 지껄이는 노처녀, 죽음이라는 말들이 얼마나 아버지 가슴에 대못을 박는지 아는지 모르는지. 삼상도 분에 받쳐 악다구니를 쓰고 말았다. 딸아이를 볼 때마다 마음이 좋지 않았다. 아니 온종일 마음이 편하지 않았다.

삼상은 덕방이를 만나러 갔다.

"이봐, 이제 등기칠 때도 다 되어가고 딸년 결혼도 더 늦출 수 없으니 행복필드를 등기 시점에 맞추어 처분해야 할 것 같네."

"때를 기다리면 좋은 시절이 올 텐데 왜 시세도 없는 지금 팔려고 그러나?"

"지금 당장이 급하니 어쩌겠는가."

"지금 당장은 시세가 안 좋은 거 자네도 알고 있나? 보유세는 늘어나고 대출은 줄어들어서 부동산 시장이 아주 꽁꽁이야."

"흐름이 이렇게 바뀔지 누가 알았겠나? 청약만 당첨되면 돈 번다는 말에 눈에 콩깍지가 씌었었지."

"시간을 견디지 못한다니 참 딱하구먼. 잘 생각해보게, 과도한 부채를 짊어진 집주인이 세입자가 되고, 착실히 돈 모으던 세입자가 집주인 되는 것을 80년대 90년대 2000년대 2010년대까지 쭉 봐오지 않았나? 시대를 거슬러 올라가도 변하지 않는 것은 상황은 늘 바뀌어왔다는 것뿐이지 않겠나. 돈병철이 돈 벌던 이야기 생각나나? 땅을 얼마나 사 모았던지 땅값은 자꾸만 오르고 대출 내서 땅 사고 대출 내서 땅을 사고 경상도 땅을 다 사들일 기세였지. 그런데 은행에서 대출금을 회수한다고 해서 발칵 뒤집혔을 때도 있었지. 미두 거래는 또 어땠고? 요즘 말로 농산물 선물시장이라고 할 수 있지. 수많은 돈이 오가는 살벌한 전쟁터에서 목돈을 거머쥐면 다 먹을 줄 알았던 판에서 줄줄이 잃기만 했지. 대중을 따라 움직여서 그랬다고 하지. 그 순간 깨달음을 얻은 돈병철이 별생각 없이 대중과 반대 방향으로 베팅해서 돈을 벌었다지 않나. 미두 거래의 철칙을 만들었다고 하지.

1. 싼 가격에 매입하고 비싼 가격에 판다.
2. 시세가 올랐다가 내려갈 기미가 보일 때 팔고, 시세가 떨어졌다가 올라갈 기미가 보일 때 매입한다.

이 두 가지만 꼭 지키면 잃지 않고 돈을 딴다고 했다지 않나.

내 친구라서 쓴소리 하니 나를 욕하지 말고 다 자네의 욕심을 탓하게. 자네는 두 가지 실수를 저질렀네.

1. 비싼 가격에 매입했네.
2. 시세가 내려갔다 오를 기미가 보일 때 사지 않고, 시세가 한창 올랐을 무렵에 샀네.

참 미안한 소리지만 지금 자네의 매물을 받아줄 사람은 없을 것 같구먼. 급한 사정이야 알겠지만 자네보다 더 급한 사람이 줄줄이 서서 대기 중이니 자네 순번이 언제 돌아올는지. 혹시 샀던 가격보다 좀 손해 보고 팔 생각 없나?" 덕방이는 삼상의 심정도 모른 체 일장 연설을 마쳤다.

"아이고, 나 죽네! 그 행복필드 산 돈은 내 돈이 아니라네. 계약금
부터 시작해서 중도금까지 모조리 대출에 지인에게 빌린 거라네. 잔
금은 지급할 능력도 없었단 말일세. 그게 단순히 내 한목숨만 달린
게 아니고 딸년까지 걸린 일인데 어쩜 그렇게 쉽게 말할 수 있나?"

"그러니까 내가 쓴소리라고 하지 않았나. 부디 나를 탓하지 말게.
세상사 흐름이야 늘 부침이 있었던 것을 늘 어떻게 허공에 뜬 것처
럼 들떠서만 살아갈 수 있겠나. 소주는 내가 살 테니 한잔하고 훌훌
털어버리세."

"X랄하고 있네! 속이 타들어 가는데, 지금 휘발유를 부을 참인가?
나 이만 집에 가겠네."

마누라와 딸은 힘없이 돌아온 삼상의 속도 모른 채 흥분한 목소리
로 물어왔다.

"아빠, 분양권 좋은 가격에 처분하기로 했어요?"

".........."

"여보, 속 시원하게 몇 장 벌었는지 이야기 좀 해보구려."

".........."

모녀는 분위기가 심상치 않음을 느꼈다. 삼상의 물기 머금은 목소
리가 목구멍을 간질였지만 나오는 것은 깊은 한숨뿐이었다. 눈물을

머금고 돌아가신 아버지를 생각하며 나지막이 독백했다.

"아버지, 내 진짜 힘들었거든요. 내 진짜 열심히 살았거든요. 나 하나 바라보는 가족들 앞에 부끄럽지 않게 진짜 열심히 살았거든요. 집 하나 가진 게 대단한 벼슬이나 되는 양 어깨에 힘주고 살았는데, 이제 가족들 앞에서 떳떳하지 못한 어른이 된 거 같아 진짜 더 힘드네요."

모녀는 어깨를 늘어뜨리고 삼상에게서 멀어졌다.

비탄에 잠긴 삼상을 바라보던 아내는 조용히 술상을 준비해 다가갔다. 삼상은 모로 누워 코를 훌쩍였다. 그 소리는 삼상의 무력함과 슬픔을 드러내는 듯 방을 메아리치듯 울려서 참담함이 더해만 갔다.

"여보 이야기 좀 합시다."

"오늘은 나 혼자 좀 쉬고 싶어."

"결혼식 날도 잡아야 할 텐데, 나야 당신만 기다리고 있었는데 어찌 그리 말 한 마디 없이 누워만 있어요?"

삼상은 자기 속을 몰라주는 마누라가 야속하기만 했다. 벌떡 일어나 앉은 그를 바라본 아내는 흠칫 놀랐다. 든든하기만 하던 남편의 모습이 갑자기 10년은 더 늙은 듯 보여서 '내 남편이 맞나?' 하는 의심마저 들었다.

삼상은 조용히 읊조리듯 이야기를 풀어나갔다.

"여보 우리 참 열심히 산 거 맞지?"

"..........."

"오늘 난 정말 껍데기만 남은 것같이 모든 게 공허하고 허무하게만 느껴져. 내 안을 가득 메우던 자신감이 내 본연의 것이 아니라 내가 가용할 수 있는 돈의 크기였구나 싶더군. 그 돈이 없다고 생각하니 내가 왜 그렇게 작게 느껴지는지. 예전에 내가 존재하기나 했었는지."

"감상 그만 떠시고 현실로 돌아와 나와 이야기 좀 해요. 이웃들한테 분양권 시세 없다는 이야기는 들었는데, 생각보다 일이 잘 안 풀린 모양이군요. 그렇다고 이렇게 하릴없이 멍하니 있어야겠어요? 해결책을 찾아야지요. 이 집 담보로 대출 좀 받아서 딸아이 결혼하는 데 보탭시다."

"당신은 나를 점점 더 쪼그라들게 만드는구먼. 어머니 돌아가시기 전 풍만하던 젖가슴이 빈 젖이 되고 쪼글쪼글해져 흔적만 남았더니 이제 나 자신이 빈 젖이 되었구먼. 허허……."

"빈 젖이고 뭐고 간에 당장 어떻게 할지 말해봐요."

"지금은 모든 계획이 다 틀어졌으니 앞일은 차차 생각해보자고."

'아이고 내가 지금껏 저 인간을 믿고 살았단 말인가?' 아내는 친구들이 이 도시 저 도시 부동산 투어하며 전국의 돈을 긁어모을 때 자기 말만 믿으라던 삼상이 밉게만 느껴졌다. 좋은 혼처로 결혼하는 딸아이의 혼수를 구경 다니며 친구들에게 자랑할 때가 좋았지, 이제 무슨 낯을 해야 할지 체면이 말이 아니었다. '말 안 통하는 저 영감탱이를 어떻게 구워삶아야 하지?' 노후대책보다는 그저 딸아이의 결혼과 자기 체면이 더 걱정이었다.

그날로부터 집안에서 목소리가 가장 커진 것은 삼상의 아내였다.

"당신, 내 말만 들었어 봐요. 광주에 투자했으면 3억 원은 벌었지. 서울에 투자했으면 5억 원은 벌었지……."

삼상은 대거리할 의욕조차 느끼지 못했다.

"자식이 잘돼야 부모도 좋은 거잖아요. 이 집 담보로 대출 좀 받아야 우리 딸 시집이라도 보낼 거 아니에요?"

옆에서 떠들거나 말거나 삼상은 자식보다 자신의 앞날이 더 걱정이었다.

한편 삼상의 아들은 이런 부모의 대화를 우연히 엿들었다. 직업은 없지만 꿈은 원대한 그는 벤처 창업을 생각 중이었다. 그 또한 집을 담보로 대출을 받아서 사업을 일궈볼 꿈을 꾸고 있었던 것이다. 마침 좋은 아이디어가 있어서 친구들과 의기투합했으나 문제는 돈이었다. 나름 괜찮게 시작하려면 2억 원 정도는 필요했다. 여동생이 결혼자금으로 한몫을 가져가면 자신은? 증여받은 집은 팔리지도 않고 사업 아이템은 지금 아니면 적기를 놓칠 것만 같았다. 시작도 못해보고 접을 수는 없었다. 아버지의 축 처진 어깨를 보면 마음 아팠지만 현실은 현실이었다. 삼상의 아들도 날개를 펼쳐보고 싶었지만 차마 입이 떨어지질 않았다. 어떻게 이야기를 꺼내야 할지도 막막하기만 했다.

혼자 조용히 산에 오르고 싶어진 삼상은 하염없이 걷고 또 걸었다. 산중턱에 이르자 이글거리는 해가 삼상을 잡아 삼킬 듯 내리쬐고 있었다. 산중턱에 자리 잡은 먹거리촌에서 파전 냄새가 사라졌던 그의 식욕을 자극했다. 한참 동안 몸을 놀려서인지 입맛이 돌았다.

일단 자리 잡고 앉았다. 혼술은 처음이라 어색하기 그지없었지만 지금은 먹어야 할 것 같았다. 배가 차오르고 이내 취기가 돌았다. 불현듯 '공수래공수거'라는 말이 떠올랐다. '그래, 죽을 때 가지고 갈 것도 아닌데 딸이 좋은 자리에 시집가는 데 만족해야지'라며 마음을 정리했다. 산에서 내려오는 발걸음이 조금은 가벼워졌고 기분도 나아졌다.

"여보, 우리 이 집 처분하고 평수 좁은 곳으로 갑시다."

"아이고, 잘 생각했어요! 나이 드니 청소하기도 힘든데 작은 집으로 가서 편하게 살아요."

말은 그렇게 했지만 그녀의 속도 남편 못지않게 썩어 문드러졌지만 차마 내색하지 못할 뿐이었다. 자신이 결혼할 때 누려보지 못한 호사를 딸에게는 베풀어주고 싶었기 때문이다.

방에서 빈둥거리던 삼상의 아들은 집을 처분한다는 소리가 방문 너머로 들려오자 절망했다, 아니 희망했다.

"아버지, 이번에 친구들이랑 사업을 해보려고 하는데요. 듣자니 집을 처분하신다는데 종잣돈 좀 해주실 수 있으세요?"

"………"

"여동생만 자식이고 저는 자식 아닌가요? 제 몫도 좀 주셨으면 좋겠어요."

부부는 뭔가를 해보려는 자식이 대견하기도 했지만 밉기도 했다. '먹여주고 키워줬으면 됐지 왜 이렇게 바라는 게 많단 말인가.'

품안에 자식이라고 어릴 때 제비 새끼처럼 입을 쩍쩍 벌릴 때는 예뻐 죽겠더니. 결혼하지 않고 오래오래 같이 살았으면 좋겠다고 생각한 적이 엊그제 같은데 세월은 왜 이렇게 무정하게 빨리도 흐르는지. 이제는 제비 새끼처럼 입을 벌리는 자식이 예전처럼 이쁘지 않았다. 집 한 채 해주면 끝인 줄 알았는데 아니었다. 성체를 뜯어먹는 거미 새끼처럼 징글징글하게 느껴졌다. 하지만 어쩌겠는가, 자식이 한다는 것을 말릴 수도 없는 노릇이었다.


삼상은 사는 집과 분양권을 처분하려고 덕방이의 부동산 중개소를 방문했다.

"아무리 생각해도 답이 안 나와서 지금 사는 집도 처분하려고 하네."

"삼상이 이 친구야! 무슨 일이 있나?"

"이 긴 이야기를 어디다 하소연할 수 있겠나. 사연 없는 가족 없다더니 내 꼴이 딱 그렇네. 아들딸 치우고 나면 연금이랑 주택 줄여서 마련한 목돈으로 노후를 준비하려고 했는데 모든 계획이 틀어져 버렸다네. 시집가는 딸 2억 원, 사업하겠다는 아들 2억 원이니 집을 처분하지 않을 수 없는 처지가 되어버렸네."

"자네도 참 딱하네, 우리 중 제일 잘나가는 줄 알았는데 껍데기밖에 남지 않았구먼."

"그래, 행복필드 처분하면 어떻게 되겠나? 사는 집은 시세가 얼마나 하나?"

"분양권은 등기 직후 매도조건으로 -5천만 원 프리미엄에 처분되겠고, 살고 있는 집은 7억 5천 정도면 팔릴 것 같네."

삼상은 머릿속이 복잡했다. 딸의 시집 밑천으로 2억 원 제하고, 아들 사업 밑천으로 2억 원 제하고, 행복필드 손실금 9천만 원(이자비용+마이너스 프리미엄) 제하고 남는 2억 5천만 원으로 뭘 할 수 있을까. 그래도 집을 처분하면 8억 원은 손에 쥘 줄 알았는데. 모든 게 삼상의 생각과는 다르게 진행되었다. 머릿속이 복잡해지고 편두통이 찾아왔다. 지끈거리는 머리에 손을 대자 눈치 빠른 친구가 얼른 말을 이었다.

"자네 집값만 내려간 게 아니라네. 다른 집들도 다 떨어졌으니 그 돈이면 평수 줄여서 집을 구할 수 있을 거야." 그나마 다행이었지만 힘이 빠지는 것은 어쩔 수 없었다.

핵심 지역의 40평형 집에서 외곽의 24평형 집으로 이사하는 날이었다. 이 동네가 다 우리 소유인 양 위풍당당했는데 24평형 집으로 이사하자니 한없이 위축되는 것은 어쩔 수 없었다. 오랜 세월 보유한 서재도 사라지고 큼지막한 책상도 놓을 자리가 없어 버려야 했다. 좁은 집 안 구석구석 가재도구를 정리하는 아내의 뒷모습이 짠

했다. 자신만큼이나 안되어 보여서 괜히 코가 찡했다. 넓히면서만 살아왔는데 이제 좁히면서 살아야 한다, 결국 마지막은 내 몸 하나 누일 좁은 관이 기다린다고 생각하니 모골이 송연했다.

# 18장

## 최고봉 이야기 - 부자 삼대

집안의 가산이 최고봉에 이르렀을 때 낳은 아들이라 이름이 최고봉이었다. 하지만 고봉이가 태어난 후 가세는 기울기 시작했다. 한때 만석지기에 범접할 정도로 재산이 많았으나 갈수록 쪼그라들기 시작했다. 고봉의 아버지가 땅을 팔아 공장을 운영하다가 상당액의 자산을 탕진한 것이다.

고봉은 과거의 영광을 재현하기 위해 동분서주했다. 주식에 투자했다. 현대중공업이 50만 원은 찍은 것 같았다. 500만 원은 간다는 말들이 게시판에 도배되었다. 집안의 모든 돈을 투자했다. 주가가

10만 원으로 내려가자 공포를 이기지 못했다. 눈물을 머금고 처분하고 나니 재산은 1/5로 쪼그라들었다.

하지만 아직 고봉에게는 100억 원의 재산이 남아 있었다. 산전수전 다 겪은 이들이 부동산은 불패라고 했다. 할아버지 대의 부의 원천은 토지에서 나왔고 아버지 대의 부의 원천은 공장에서 나왔다. 고봉은 자기 시대는 부의 원천이 자본시장에 있다고 믿었다. 하지만 투자 실패를 경험하고서는 할아버지 대의 생각으로 되돌아갔다.

10여 년 절치부심의 세월을 딛고 고봉은 은마아파트가 15억 원을 찍는 시점에 대출을 끌어 모아 150억 원의 자금을 마련하고 아파트 10채를 샀다. 식구들은 주위 경제환경을 이야기하며 고봉을 말렸지만 헛수고였다.

고봉이 아파트를 사자 갑자기 거래량이 늘어나며 뒤늦게 뛰어드는 투자자도 있었다. 집값은 순식간에 17억 원이 되었다. 고봉은 자신의 판단이 옳았음을 믿었다. 호가 상으로 20억 원의 거금을 순식간에 번 것이다. 로또 1등에 버금갈 만큼 번 것 같아 고봉은 의기양양했다. "기다려 봐! 저 집 순식간에 20억 원은 갈 거니까. 은마가 금마가 될 거라고!"

언론에서는 연일 비둘기<sup>(비둘기파는 금리인하 및 양적완화를 통한 통화량 증가로</sup> <sup>시장경제 활성화를 추구)</sup>랑 매<sup>(매파는 금리인상 및 물가 안정을 추구)</sup>랑 격돌한다고 난리였다. 매번 비둘기는 힘이 빠졌고 매파의 우세 속에 금리는 지속적인 상향곡선을 그렸다.

금리가 올라갈수록 웬일인지 집값은 맥을 못 추고 서서히 하락하기 시작했다. 집값이 본전에 왔을 때 팔았어야 했지만 거래가 되어야 팔지. 고봉은 강한 믿음으로 기다렸다. 기준금리가 4%에 육박했다. 대출금리는 6% 수준까지 치솟아 이자 부담이 만만치 않았다. 재건축초과이익환수제(재건축으로 조합원이 얻은 이익이 인근 집값 상승분과 비용 등을 빼고 1인당 평균 3000만 원을 넘을 경우 초과 금액의 최고 50%를 부담금으로 환수하는 제도) 부담에 재건축을 할 수 없다는 말도 들렸다. 집값은 9억 원 수준까지 떨어졌다. 고봉은 두려워졌다. 고봉은 늦었을 때가 가장 빠를 때라면서 10채의 집을 처분했다. 100억 원이 자산이 30억 원 남짓으로 줄어들었다.

두 번의 디레버리지 시기를 뼈아프게 겪은 고봉 자신의 잘못은 온데간데없고, 신도시로 편입되는 과거 할아버지의 땅을 생각하며 아버지를 원망한다는 글을 남긴 채 그는 부동산투자 카페에서 종적을 감추고 말았다.

# 19장

## 보통이와 하하 이야기 - 보통의 삶

대한민국 부동산 흐름 읽는 법

| 구분 | 평균 | | | | | | | |
|---|---|---|---|---|---|---|---|---|
| | 자산 | 중앙값 | 금융자산 | 저축액 | 전·월세 보증금 | 실물자산 | 부동산 | 기타실물자산 |
| 전 국 | 41,573 | 25,500 | 10,512 | 7,841 | 2,671 | 31,061 | 29,177 | 1,883 |
| 서 울 | 60,220 | 35,195 | 16,134 | 9,860 | 6,274 | 44,085 | 42,805 | 1,280 |
| 부 산 | 34,630 | 22,760 | 7,465 | 6,121 | 1,343 | 27,165 | 25,722 | 1,443 |
| 대 구 | 42,749 | 25,260 | 9,546 | 8,166 | 1,381 | 33,203 | 31,037 | 2,165 |
| 인 천 | 33,551 | 22,750 | 8,216 | 6,490 | 1,725 | 25,335 | 23,897 | 1,438 |
| 광 주 | 32,447 | 24,399 | 9,516 | 8,332 | 1,184 | 22,931 | 21,124 | 1,807 |
| 대 전 | 33,191 | 20,680 | 8,481 | 6,988 | 1,493 | 24,709 | 23,346 | 1,363 |
| 울 산 | 43,263 | 32,896 | 11,312 | 9,792 | 1,520 | 31,951 | 30,133 | 1,818 |
| 세 종 | 53,879 | 35,160 | 11,138 | 7,292 | 3,846 | 42,740 | 40,837 | 1,904 |
| 경 기 | 45,567 | 30,660 | 11,596 | 8,208 | 3,388 | 33,971 | 32,136 | 1,835 |
| 강 원 | 31,047 | 19,710 | 7,316 | 6,502 | 813 | 23,732 | 21,752 | 1,980 |
| 충 북 | 30,603 | 18,454 | 7,800 | 6,855 | 946 | 22,803 | 20,525 | 2,278 |
| 충 남 | 30,807 | 19,798 | 6,705 | 5,947 | 757 | 24,102 | 21,442 | 2,660 |
| 전 북 | 27,041 | 16,952 | 7,783 | 7,022 | 761 | 19,257 | 16,816 | 2,441 |
| 전 남 | 28,837 | 17,115 | 8,534 | 7,615 | 919 | 20,304 | 17,094 | 3,210 |
| 경 북 | 31,641 | 19,630 | 7,742 | 6,901 | 842 | 23,899 | 21,300 | 2,599 |
| 경 남 | 32,225 | 23,250 | 7,784 | 6,684 | 1,101 | 24,440 | 22,282 | 2,158 |
| 제 주 | 48,205 | 26,824 | 8,519 | 7,540 | 978 | 39,686 | 36,880 | 2,806 |
| 수도권 | 50,057 | 31,003 | 13,026 | 8,673 | 4,353 | 37,031 | 35,464 | 1,568 |
| 비수도권 | 33,706 | 21,446 | 8,182 | 7,069 | 1,112 | 25,524 | 23,348 | 2,176 |

2018년 가구의 경제상황 시도별 자산 평균 및 중앙값 (단위: 만원)

출처: 통계청이 제공하는 2018 가계금융 · 복지조사

보통이의 책상 유리 아래에는 한국은행에서 발간한 2018년 가계 금융 · 복지조사 결과의 한 페이지가 끼워져 있었다. 통계치를 살펴 볼수록 신기하리만치 그의 경제 상황과 흡사했다.

경기도에 사는 30대 후반의 보통이는 직장이 서울에 있어서 늘 출

퇴근길이 고달팠다. 서울에 살고 싶지만 집값이 너무 비싸서 경기도 남부에 거주하며 점점 더 서울과 가까워지기를 갈망했다. 직장에서 만난 부인과 초등학생인 두 자녀가 있다. 보통이는 3,600만 원, 보통이의 부인은 3,000만 원을 벌고 연간 1,000만 원 정도의 돈을 저축한다. 날마다 계산기를 두드려도 이상하게도 연간 6,600만 원을 버는데 남는 건 저축액 1,000만 원밖에 없었다.

결혼한 지도 어느덧 10년, 순자산 3억 4천만 원, 자산 4억 1천만 원, 금융자산 1억 원, 실물자산 3억 1천만 원으로 보통이의 이름값은 하는 경제 상황을 유지했다. 집을 사느라 1억 원 정도 대출을 받아 아직 부채가 7,000만 원 정도 남았지만 2억 원을 주고 산 집이 3억 1천만 원으로 올라서 이자 비용을 충당하고도 8,000만 원 정도의 이익이라고 생각하니 마냥 흐뭇했다. 직장 동료인 하하네는 2억 원 대출로 3억 원짜리 집을 산 덕분에 지금 집값이 5억 원이라고 뛸 듯이 좋아하며 이번에 과천 행복필드 청약하러 가는데 같이 가자고 했다.

"야, 보통아! 돈이 돈 버는 거 맞지? 너는 레버리지 1억 원 해서 집값 1억 원 오르고 나는 레버리지 2억 원 해서 2억 원 벌었잖아. 내 이름 잘 알지? 하하. 바로 하이리스크 하이리턴!"

"그래도 미국 금리도 오른다고 하고, 우리나라 경제성장률도 시원치 않고, 기업들은 중국 성장 때문에 기지개도 제대로 못 켜고, 부동산 시장도 고점에 오른 것 같고 이제 좀 조심해야 하지 않겠니?"

"네가 그러니까 만날 현상 유지밖에 못하지. 요새 유행하는 '똘똘

한 한 채(집 여러 채를 보유하면 세금을 많이 매기는 시대가 되면서 여러 채의 집보다 알짜 한 채가 낫다는 의미)' 몰라? 일단 질러. 나 하하만 따라 하면 너도 금방 부자 될 수 있어."

보통이는 고민에 빠졌다. '만날 이렇게 살아봐야 한 해에 천만 원씩 저금하고, 담보대출 다 갚고 나면 애들 대학 갈 거고, 그러면 모아놓은 돈은 다 학자금으로 쓰일 거고, 미래가 없다 미래가 없어.'

"여보, 이번에 과천 행복필드에 청약 넣어볼까? 이렇게 살아봐야 미래가 안 보이는 것 같은데."

"이 정도로 만족하고 살면 안 될까요? 1년에 해외여행도 한 번씩 가고 애들 학원도 몇 개씩 다닐 수 있는 지금이 딱 좋은데. 너무 욕심내고 위만 바라보고 살면 불행해진다잖아요. 조금 아래를 본다면 우리는 경기도 평균은 하니까. 너무 욕심내지 말고 살아요."

보통이는 8억 원 투자하면 2억 원은 앉은 자리에서 번다는 로또 청약을 눈앞에 두고 고민에 빠졌다. 그러다 부동산투자 카페에서 이삼상의 글을 보니 8억 원 투자가 아니고 8억 7천만 원이 투입된다고 생각하니 다시 고민되었다.

그 시각 하하네 집은 분주했다. 대출금을 갚느라 보통이네 집보다 종잣돈은 조금 부족하지만, 실탄 9,000만 원이 마련되어 있었다. 지난번 주식투자로 번 3,000만 원이 이렇게 유용할 줄이야! 일단 청약 당첨만 되면 만사 오케이. 뒷일은 나중에 생각하기로 하고 일단 청약을 신청했다.

얼마 후 하하네 집은 경사가 났다. 하지만 청약 당첨의 기쁨도 잠시, 계산기를 두드렸다. '이제 돈은 어떻게 마련하지?' 중도금 4번은 이자 후불제, 2번은 자납, 30% 잔금…. 하지만 아직 시간이 2년 6개월이나 남아 있으니까 걱정 따위는 접어두기로 했다.

반면 보통이네 집은 한숨만 늘어갔다. 하하네는 지난번에도 잘 투자해서 1억 원이나 자산이 많은데 자신은 계속 제자리걸음이라니, 오히려 뒤처지는 느낌마저 들었다. 다음 기회에는 수원의 핵심지역에 꼭 청약해야지 생각하고 떠나간 배를 한탄했다.

시간이 지날수록 하하네 집은 분주해졌다. 중도금 4회차까지는 이자 후불제라 무사히 넘겼지만 5회차가 다가오니 슬슬 걱정이 되었다. 어디 돈 나올 구석이 없는 뻔한 월급쟁이 신세가 한탄스러웠다.

"당신 비자금 좀 없어?"

"여보! 우리 월급 뻔한데 비자금이 어디 있어요?"

"중도금 2번에 잔금만 잘 치르면 되는데 쉽지가 않네."

"하하 씨 너무 고민하지 마요. 어차피 우리 이 집 팔면 5억 원은 나오니까 너무 걱정하지 마요. 돈은 친정엄마한테 어떻게든 빌려볼게요."

"그래 당신이 5회차만 어떻게 해보면, 나는 본가에 이야기해서 6회차 마련해 볼게. 잔금 치를 때 즈음해서 집만 팔면 되겠네. 이제 걱정거리가 다 사라졌네. 맥주나 한잔합시다. 기쁨의 건배!"

하지만 잔금 치를 시기는 너무 빨리 돌아왔다. 대출금 이자는 잠을 자는 사이에도 늘어나듯, 잔금 납부 시기는 우사인 볼트가 100미터를 달리는 것보다 더 빨리 다가오는 것 같았다.

"하하 씨, 왜 집 보러 왜 안 올까요? 집 내놓은 지가 4달이나 지났는데."

"걱정 마. 여긴 수원의 교육 중심 영통, 랜드마크라고!"

"석 달 전까지만 해도 그렇게들 뻔질나게 집 보러 와서는 곧 살 것처럼 말하고 가더니 이젠 연락도 없어요. 어디 용한 데라도 찾아가 봐야 하지 않을까요?"

하늘이 무너지고 땅이 솟아나는 일이 있어도 잔금 2억 4천만 원이 나올 구멍은 없었다.

"하하 씨, 우리 잔금 마련 못 하면 어떻게 돼요?"

"재수 없는 소리 하지 마! 꼭 잘 될 거야."

"어머, 나는 걱정이 되어서 한 말인데 왜 역정을 내고 그래요!"

운이 좋게도 하하네는 기존 집을 5억 원에 팔게 되었다. 정말 행운이었다. 1가구 1주택 양도세 혜택까지 받아 생각보다 큰 수익이었다.

약 8억 7천만 원의 집값(계약금 약 8,000만 원, 약 3억 2천만 원의 4회차의 중도금, 5, 6회차, 잔금)까지 기나긴 여정이었다. 부모님께 빌린 돈을 정산하고 나니 종잣돈 9천만 원은 온데간데없고 기존 대출 2억 원은 2억 8,000만 원으로 불어 있었다. 그러나 하하는 빚과 무관하게 만족감을 느꼈다. 다들 하하의 집값이 11억 원은 갈 거라고 하니까, 대출금 2억 8천만 원은 우습게 보였다.

하지만 현실은 호락호락하지 않았다. 한 달 대출이자는 원리금 포함 150만 원만 갚으면 되었지만 애들 학원비 60만 원이 더 추가되니, 한 해에 1,000만 원 모았던 생활에서 1,000만 원 적자가 나는 생활의 시작이었다.

그래도 하하는 행복했다. 집값이 11억 원이니 허공에 붕 떠서 사는 기분이었다. 반면 하하 부인은 요즘 부쩍 짜증이 늘었다. 일류동네 오면 자녀도 일류가 될 줄 알았는데 아니었다. 학원비를 얼마나 더 늘리고 생활비를 얼마나 줄일지 고심하느라 생활이 팍팍했다. 입이 썼다. 아내가 아이들에게 공부 좀 하라고 소리를 지르는 바람에 놀라서 잠에서 깨어났다. '아! 이 모든 게 꿈이었다니!' 기존 집이 빨리 처분되었으면 하는 열망을 반영한 꿈이었다. '꿈과 현실은 반대란 말인가?'

하하네는 결국 기존 집을 팔지 못하고 겨우 전세보증금 3억 원에 세입자를 구했다. 그래도 안도의 한숨을 내쉬었다. 어쨌든 숨통은 트였으니까. 전세보증금 3억 원을 받아서 잔금과 중도금 후불제 이자 등을 갚고 나니 본가와 처가에 돌려줘야 할 돈은 고스란히 남았다. 중도금대출 40%(3억 2천만 원, 원리금 균등 3% 20년 상환)에 해당하는 돈은 은행권 부채로 남았다.

"여보, 경사 났네 경사 났어! 이제 우리 집이 2채야!"

"당신도 참! 맘고생은 했지만 그래도 좋긴 좋네요. 우리 아이들도 이제 최고 학군에서 공부할 수 있게 되었네요."

2억 원의 금융부채에 따른 원리금 110만 원을 제하고도 연간 천만 원의 저축 여력이 있었던 하하네는 이제 5억 원의 금융부채에 따라 한 달에 은행에 270만 원을 갚아야 하는 상태가 되었다. 저축은 고사하고 일 년을 살면 천만 원의 적자가 발생하는 상황에 이른 것이다.

그게 다가 아니었다. 과천은 이상한 곳이었다. 수원보다 교육비가 더 비싼 느낌이었다. 옆집과 수준을 맞추자니 지출이 더 커져서 결국 일 년에 2,000만 원씩 적자가 발생했다. 하우스푸어는 그렇게 탄생했다. '내가 하하가 아니라 하푸라니!' 영 체면이 살지 않았다.

"하하 씨, 요새 경기가 나빠지면서 회사 상황이 안 좋은데. 인원 감축 이야기도 나오고 어쩌죠?"

"쓸데없는 소리 마. 우리 가계 상황 알잖아. 당신이 직장을 그만두면 우리는 난리 나는 거야. 무조건 '네, 네' 하고 평생 일할 생각해야지. 회사에 충성! 알겠지?"

기쁨의 맥주는 지난 이야기가 되었고 오늘 밤은 맥주가 쓰게 느껴졌다.


보통이가 하하의 성공담을 막 부러워하려는 찰나, 본격적으로 금리가 상승하며 양털깎기*가 시작되었다. 국내 금리는 연일 치솟고 수많은 가계와 기업이 어려움에 처했다. 금리상승을 견디지 못하고 경매 물건이 쏟아져 나왔다. 보통이는 걱정 없었지만 부러움과 시샘을 한몸에 받는 친구가 은근히 걱정되었다.

> **알고 가자** **양털깎기**
> 국제 금융재벌들이 서민들의 이득을 뺏는 상황을 양털깎기에 비유한 말로 〈화폐
> 전쟁〉이라는 책에 등장. 시중에 유동성(돈)을 풀어서 경제적 거품을 만든 후 사람
> 들이 투기에 집중할 때 통화량을 줄여 경제 불황과 재산 가치의 폭락을 유도한
> 후 싼 가격에 사들이는 것.

하하네 가정은 허리띠를 졸라맸다. 식비를 줄이고, 피복비를 줄이고, 보험을 줄이고, 아이들 학원비를 줄이고, 그렇게 줄이고 줄여서 생활했다. 집값은 7억 원으로 내려가고 아내 얼굴 보기도 민망했다. 하하는 보통이가 부럽기만 했다.

이상했다. 아무도 사지 않을 것 같았던 집의 거래가 10건으로 늘었다. 좋은 징조일까? 갑자기 신문 지상을 뒤덮은 금리 인하 뉴스, 테이퍼링 시대 종식, 신흥국 기지개 등의 뉴스들. 세상 망할 것처럼 국가 부도날 것처럼 연일 떠들어 대던 언론의 태도가 돌변했다. 집값을 나타내는 그래프는 이제 제 갈 길을 찾았다. 하늘 방향 말이다. 7억 원이 10억 원으로 10억 원이 15억 원으로 집값이 두 배로 오르는 데는 채 2년이 걸리지 않았다. 양극화는 더해갔다. 시장의 불확실성과 정부 정책에 대한 우려로 초양극화 시대로 접어든 수도권. 경기도 제일 비싼 아파트와 저가 아파트가 4배를 넘기 시작하는

데……. 2025년 결국 똘똘이만을 추구하며 왜곡된 시장의 갭은 메워지지 않았고 계층 분리를 가져오고야 말았다. 이른바 뉴 카스트제도! 기형적인 시장이 오래 지속된 결과 잘사는 자들만 사는 곳이 생겼다. 울적한 마음에 보통이는 술을 한잔하고 집에 가는 길에 허공에서 소리쳤다.

"가진 놈만 더 가지는 더러운 세상!"

청소기 돌아가는 소리에 하하는 낮잠에서 깼다. 몸이 허해져서인지 부쩍 꿈이 잦았다. 시작은 비참했지만 뒤로 갈수록 최근에 꾼 꿈 중 가장 행복했다. 행복한 꿈에 더 빠지고 싶어 억지로 눈을 감았지만 한번 깬 잠은 쉽게 들지 못했다. 꿈은 현실의 반영일까 반대일까. 지난 꿈들이 반대로만 되었기에 기분 좋은 꿈자리의 뒤가 유쾌하지는 못했다.

시장 분위기는 냉랭했다. 거래 건수는 더욱 줄어들고 솟구치던 호가는 제자리걸음이었다. 주위는 재개발로 시끌벅적하지만 호가는 요지부동이고 공급만 계속 늘어났다.

"하하 씨, 프리미엄이 3억 원은 될 거라 생각했는데 1억 원밖에 안 되고, 그래프는 계속 제자리걸음만 하고 있어요."

"여보 걱정하지 마. 그래도 우리는 지금 분양가 생각하면 5천만 원은 벌었잖아? 지금이라도 당장 팔고 나갈까?"

"뭐라고요? 소리소문 없이 빠져나간 이자 생각하면 오히려 손해예요! 하하 씨는 제대로 알기나 알고나 말하는 거예요?"

"당신 요즘 왜 이렇게 민감하게 굴어? 부동산은 잠시 정체는 있어도 무조건 우상향! 몰라?"

"부동산 뉴스만 보지 말고 경제 뉴스도 좀 봐요. 한미 금리역전 된 지가 언젠데 우리 경제 상황이 뒷받침이 안 되어서 금리도 미국만큼 못 올리고. 나라에 투자된 돈들이 야금야금 빠져나가서 나라 꼴이 말이 아닌데. 환율이 치솟을 때마다 IMF가 다시 오는 건 아닌지 움츠러든다고요."

"우리 경제가 얼마나 건실한지 몰라? 과거 IMF 겪으면서 외환위기 대비 철저하다고."

"모르는 소리 말아요. 외환위기 비껴가도 내수 침체가 얼마나 심한데. 아나바다가 요즘은 아! 살까 말까?, 나중에 살까, 비싼 것 사지 말고 싼 것으로 바꿀까?, 다음에 살까? 라는 말까지 돈다고요. 우리 이 집 팔고 예전 집 있는 동네로 가요, 네?"

"아, 시끄러워! 부동산 몰라? 무조건 우상향 못 먹어도 고! 조금만 더 기다려 보자고."


빚 갚으랴 회사 생활하랴 쳇바퀴 도는 반복된 생활이 지겹기만 한데도 시간은 잘도 흘러 하하네가 입주한 지 어느덧 2년이 되어갔다.

"여보, 슬픈 소식이 있어. 우리 집값이 8억 원이 되었다고 네이버 부동산에 호가를 확인했어. 분양가보다 집값이 내려갈 거라고 누가 상상이나 했겠어."

"그럼 우리 도대체 얼마나 손해에요? 집 산 값에 이자 나간 거 빼면 대체 얼마를 손해 본 거죠? 1가구 2주택 양도세 혜택도 사라질 판이네요."

반면 여름휴가를 앞둔 보통이네는 즐거움에 들떠있었다. 매년 1,000만 원씩 저축하면서 돈을 모은 덕분에 집이 두 채나 있는 하하네와 비교하면 상대적 박탈감은 있지만, 6,000여만 원의 주택담보대출을 모두 갚고 그 기념으로 하와이 여행을 가게 된 것이다.

"보통 씨, 내 말 듣기 잘했지? 과천 행복필드 안 가서 빚도 다 갚고 너무 홀가분하잖아. 마음속에 있던 큰 응어리 하나가 사라진 느낌이잖아. 빚지고 사는 게 이렇게 마음이 답답할 줄은 정말 몰랐어."

"그래, 당신 말대로 참 홀가분하네."


보통이가 해외여행을 간다는 소식을 들은 하하의 마음이 쓰라렸다. '나보다 자산도 적은 녀석이 하와이라니.' 지고는 못 사는 성미라 해외여행을 지르고 싶은 욕구가 꿈틀거렸지만 당장의 생활과 부채가 양어깨를 무겁게 짓눌렀다. 하하를 더 슬프게 만드는 것은 떨어지는 칼날을 잡으려는 이가 나타나지 않는다는 사실이었다.

# 20장
## 까대기 이야기 – 폰지 게임

제가 생각해도 좀 고점에서 집을 산 것 같긴 해요. 요즘 부쩍 신경이 예민한데 Innocence가 자꾸 글질해대서 화가 났어요. 그전에 다므, 덴인덴이라 불리는 부동산 하락론자를 무찔렀기에 신참내기 Innocence 따위는 문제도 아니죠. 한글로 다므, 덴인덴 이렇게 쓰면 좋으련만 Innocence는 읽기도 부르기도 어려워요. 하지만 대상이 있다는 사실이 중요하지 누구라고 불러줄 필요는 없어요. 어차피 부동산 투자카페에서 견디지 못하고 나갈 게 뻔하니까요. 일단 Innocence를 '하락이'라고 지칭해요. 하락이라고 지칭하는 순간 공격의 대상이 되니까요. 학창 시절에 왕따 보셨죠? 왕따 하나 만드는 거 쉽잖아요. 일단 하락이로 낙인만 찍어버리면 편들어줄 사람이 없어요. 혼자 용 써봐야 견딜 수 없는 상태가 되어 고립되고 말죠.

아, 제 소개가 늦었군요. 저는 하하 친구 까대기에요. 별달리 하는 일은 없어요. 직장생활에 얽매이는 것 싫어하는 프리랜서로 봐주시면 좋겠네요. 아, 요즘 유행하는 말이 있던데 좀 있어 보이는… 맞다, 갭투자자자(시세차익을 목적으로 주택의 매매 가격과 전세금 간의 차액이 적은 집을 전세를 끼고 매입하는 투자 방식)! 부동산에 일찍 눈떴거든요. 투자금이 자꾸 불어나서 감당하기 힘들 정도네요.

하하 친구이면 젊을 텐데 어떻게 돈을 모았느냐고요? 희한하게 집을 사기만 하면 오르더라고요. 처음에는 종잣돈 5천만 원으로 시작했는데 아주 이른 시간에 텐인텐(10년 안에 10억 원을 모으려고 노력함)으로 등극했지 뭡니까. 제가 돈 냄새 하나 맡는 재주는 타고났나 봐요. 죽어라 직장 생활하는 친구가 10년 동안 1억 원을 모을 때 저는 10억 원을 모았으니 이만하면 성공한 인생 아닌가요?

이 방법은 비밀이라 알려드리지 않으려 했는데 약간 힌트만 드릴게요. 갭투자란 전셋값과 실거래가의 가격 차이를 두고 투자하는 방식이에요. 예를 들어 거래가격이 3억 원, 전셋값이 2억 5천만 원일 때 5천만 원만 있으면 저 집은 제 소유가 되는 것이죠. 자산이 10억 원이면 저는 20채의 집을 가질 수 있는 상태가 돼요. 물론 세금 문제도 있지만, 세금까지 설명하면 복잡하니까 단순하게만 말씀드리죠.

부동산 갭투자로 100채씩 가지고 있는 고수님에 비하면 저는 새 발의 피에 불과해요. 얼마 전 동탄의 한 갭투자자가 경매로 넘긴다고 협박해서 집을 비싸게 넘기는 경우도 봤어요. 저는 그런 인간하고 결이 다른, 아주 건전한 투자자라고요. 2015년 부동산이 고점을 찍을 때 자산도 정점을 찍었죠. 그때 호가로 계산하니 12억 원까지도 찍히더라고요.

그런데 언제부턴가 하락이들이 등장하더니 부동산 가격이 내려가더군요. 그때부터 하락이들이 미워졌어요. 한 명씩 응징해 나갔죠. 내 자산을 좀먹는 좀벌레 같은 놈들! 2017년 초반에 그놈들의 말에 속아 집을 모두 처분한 게 한으로 남네요. 그놈들만 아니었어도 지난 2017년 하반기부터 상승을 즐겼다면 자산이 20억 원쯤 되었을 텐데 그저 한숨만 나오죠. 그나마 저는 투자에서 탁월하게 돈 냄새를 맡는 재주가 있어서 이 시장을 쉽게 떠나지는 못하겠더라고요.

내 집 한 채는 꼭 있어야 해요. 그것도 모든 사람이 선호하는 곳에. 저는 뒤늦게 10억 원을 모두 쏟아 부어 사람들이 선호하는 곳에 아파트 2채를 샀어요. 물론 부채는 자산의 100% 정도로 베팅하는 것은 필수죠. 저의 탁월한 능력 부럽죠? 부러우면 지는 거예요. 어서 한 채 지르세요.

갑자기 호가만 존재하고 거래가 없어요. 이건 다 하락이들 때문이에요. 세계 경제가 어떻게 돌아가든 미·중 패권전쟁이건, 금리 인상이건 상관도 없단 말이에요. 집값은 무조건 우상향인데 하락이들이 자꾸 이런저런 이유를 들이대니까 사람들이 불안해하고 집을 살까 말까 고민하잖아요.

부동산 중개소에 가서 조용히 1채를 11억 원에 매물을 내놓고 오는 길이에요. 입질이 오는지 테스트하고 싶었거든요. 그런데 바로 전화가 오는 거예요. 갑자기 신이 나서 재빨리 매물을 거두어들였죠. 내일 12억 원에 다시 내놓으려고요. 흐뭇하기만 하네요. 역시 모든 이들이 선호하는 이 지역은 절대 집값이 내려갈 리 없죠.

그런데 12억 원에 매물을 내놓고 한참을 기다려도 전화가 안 왔어요. 부동산 동향을 알아보고자 투자카페에 들어갔어요. Innocence가 글을 싸질러 놨네요. 저는 즉시 악성 저주를 퍼부었어요. 저를 찬양하는 익숙한 아이디들이 Innocence를 까는 걸 보면 그들도 저랑 비슷한 투자자인가 봐요.

'가난한 자들은 망할 생각부터 하니 망하는 겁니다. 미국의 최연소 부동산 백만장자가 인터뷰에서 그러더라고요. 무슨 특별한 방법이 있냐고 하니, 하면 되는데 왜 다들 겁부터 내고 행동을 하지 않느냐고요. 여기 투자카페는 서민들끼리 위안 삼자고 모이는 곳이 아닙니다. 다들 정신 차리시길. 꼰대마냥 내가 힘들게 살았으니 너도 그러다 망할 거야 하지 마시고요.'

속이 다 시원했어요. 다시 전화를 기다렸어요. 사실 제가 더 화나는 건 얼마 전 세입자가 나갔는데 새로운 세입자가 빨리 나타나지 않아서예요.

슬그머니 한국감정원 부동산정보 앱을 켜 봤어요. 경기도 거래량은 아직 지방과 비교하면 선방 중이네요. 간혹 올라오는 실거래가도 고점을 갱신하는 듯해요. 슬그머니 캡처해서 카페에 올려뒀어요. 역시 Innocence 같은 나부랭이가 알 리가 없죠. 또다시 부동산투자 카페 앱을 켰어요. '경기도 역세권 학세권은 영원하다'라는 글을 썼어요. 이 까대기의 의견에 동조하는, 아니 찬양하는 댓글들이 주렁주렁 달렸어요.

제가 그렇게 찬양 글을 쓰는데도 부동산 시장은 여전히 답보 상태에요. 기분이 좋지 않아 살펴보니 또 다른 안티가 등장했어요. 욕을 한바탕했더니 좀 기분이 낫네요. 이성을 되찾고 사람들을 유인해 봤어요.

'내 집 한 채는 꼭 있어야 해요. 집값이 아무리 비싸도 무조건 오르게 되어 있어요. 실수요자는 꼭 사세요.'

사실 이건 갭투자로 투자한 15년 안팎의 집을 팔 때 먹혔던 전략이에요. 이번에도 이 방법은 유효할 거예요. 사람들이 내 글에 관심을 보이기 시작했어요. 나는 그들에게 '몇 번의 부동산 위기를 겪었지만, 그 고비만 넘기고 나면 언제든 집값은 우상향으로 보답해줬다'라고 추가 팁도 알려줬어요. 사실 저는 부동산에 대해서 아는 게 많지는 않아요. 부동산투자 카페에서 누군가 떠들면 같이 메아리처럼 반복하기만 하면 되거든요. 지금까지 그렇게 해왔고 전 성공했으니까요. 그래서인지 저는 이론으로 똘똘 무장한 느낌마저 들어요.

부동산 하락 뉴스가 자꾸 나오고 매물로 내놓은 집은 계속 연락이 없어서 폭발하기 일보직전인데 Innocence는 계속 부동산 조정이 어쩌고저쩌고 난리네요. 무리한 대출로 집 사지 말라고도 하네요. 그러면 큰일이죠. 제 집은 누가 사주나요. 댓글을 100개 정도 달아서 괴롭혀 봤는데 끈질긴 놈이네요. 또박또박 말대꾸까지 하네요. 저 정도면 멘탈이 나갈 법도 한데 덴인덴보다 더 질긴 것 같네요. 어서 이 기나긴 싸움이 끝나야 할 텐데 은근히 신경 쓰여요. 관심 회원으로 등록도 했어요. 관심 회원이 글을 쓰면 알림이 와서 빠르게 대응할 수 있으니까요. 빨리 쫓아내고 싶거든요.

그런데 이 전쟁이 언제까지 갈지 솔직히 좀 짜증나네요. 도대체 뭐 하는 인간인지 밤낮으로 글을 올려서 더 화나요. 댓글 알바들도 정규시간만 댓글을 달고 출퇴근하던데 까대기의 자유 영혼에 족쇄가 채워진 것 같단 말이에요. Innocence에게 집도 없는 거지라고 인신공격성 발언을 했어요. 발끈하더니 저에게 댓거리를 하는 거예요. 드디어 기회가 왔어요. 카페지기에게 조용히 신고합니다. 이제야 마음이 조금 편안하네요.

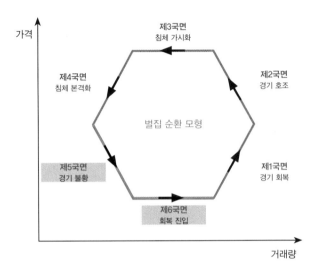

제5국면에서는 경제적 낙관론이 대두되면서 주택시장의 외부환경에 대한 전환점으로 가격은 하락하나 거래량은 증가한다. 정부는 부동산 시장에 활력을 불어넣기 위해 부동산 완화정책을 내놓는다. 선제적으로 투자하는 이들이 물량을 조금씩 확보하면서 거래량이 늘어나지만 주택시장의 분위기는 좋지 않다. 건설사들은 분양 물량을 더욱더 줄이지만 미분양은 여전히 해소되지 않는다. 제3국면에서 무리한 부채로 집을 샀던 사람들이 물량을 던지기도 한다. 여전히 수요보다 공급이 많아서 가격하락은 지속된다.

제6국면에서는 경기가 회복세에 진입하여 가격은 안정되고 거래량은 증가한다. 정부에서는 부동산 완화정책을 계속해서 발표한다. 투자자들은 가격 상승에 대한 기대감으로 투자에 나서기 시작한다.

반면 매물도 늘어나기에 수요와 공급이 일정하게 유지되며 가격은 보합세를 유지한다.

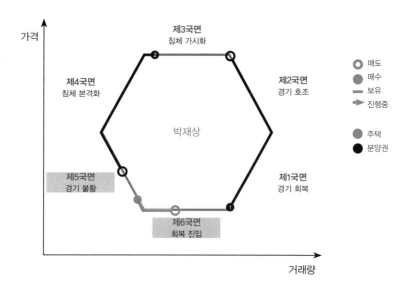

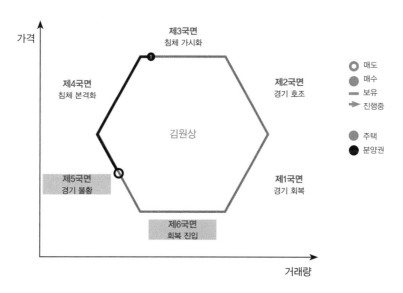

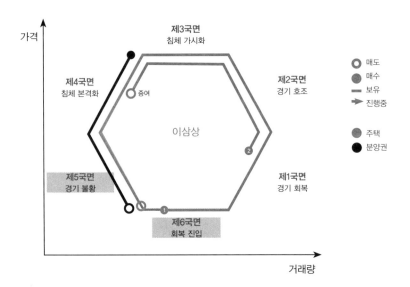

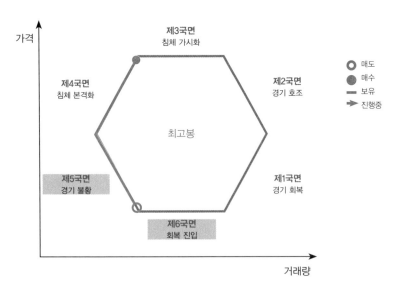

대한민국 부동산 흐름 읽는 법

디레버리지 시기 진입 전까지 가격은 반등하리라는 기대감이 존재한다. 시간이 지나고 보면 하락의 초입임을 알 수 있다.

김원상은 투자를 벼르고 벼르다 막차를 타고 고전한 경우이다. 박재상은 분양권으로 한번 수익을 노린 후 재차 도전하지만, 투자의 시기가 적절하지 않아서 첫 번째 수익마저 지키지 못한다. 이삼상은 두 번의 투자는 무난했지만, 마지막 과욕으로 일을 그르친다. 최고봉은 말하지 못할 정도로 참담한 결과를 맞이한다.

주식 혹은 주택 혹은 코인으로 돈을 벌었다고 많은 이들이 열광하던 때를 떠올려보면 하락의 시발점이었던 것 같다.

# 21장

## 노전수 이야기 4 - 반전 있는 드라마

~~~~~~~~~~~~~~~~~~~~~~~~~~~~~~~~~~~~~~~~~~~~~~~~~~

노전수

잘나가던 외식사업가였으나 부동산의 재미에 빠져 노숙자 신세까지 전락했다. 가진 것도 의욕도 없이 무의미한 나날을 보내다 우연히 접한 야시장 창업 모집 전단에 의욕과 열정이 불타올라 열심히 신청서를 작성했다.

마침내 발표의 순간이 왔다.

"따르릉"

"노전수 씨 되시죠? 여기 황금시장인데요."

"안녕하세요! 안 그래도 엄청나게 기다리고 있었어요."

"많이 기다리셨을 텐데 안타까운 소식을 ……."

"말도 안 돼요. 안타까운 소식이라니요?"

"아, 끝까지 들어보세요. 안타까운 소식을 전하게 되어 죄송합니다. 저희는 행정 절차상 전화하는 것이니 저에게 따진다고 해서 해결될 문제는 아닙니다."

"아이고 선생님 그럼 선정 결과가 낙선인가요?"

"거듭 죄송하게 생각합니다. 음식 부문 경쟁이 매우 치열했어요. 지원자가 무려 200명이어서 탈락자가 너무 많아 저도 일일이 연락 드리기가 참 힘드네요. 부디 힘내시고 다른 사업에서 성공하시기를 빕니다."

"이게 하늘이 내려준 마지막 기회라 생각하고 기다렸는데 이제 제겐 절망뿐이에요."

"저는 연락할 곳이 많아서 이만 끊겠습니다."

"잠시만요 잠시만요! 죄송하지만 혹시 순번이 몇 번째인지나 알 수 있을까요?"

"노전수 씨는 후보 1번이에요. 제가 처음으로 전화 드리니까 그건 알 수가 있어요. 180명에게 모두 연락을 하자니, 참 사람 할 짓이 못 되네요. 큰 기대는 마세요. 이 좋은 기회를 놓칠 사람이 있겠어요."

"네. 혹시라도 무슨 소식이 있으면 꼭 연락주세요."

전화기가 힘 빠진 손에서 미끄러지듯 방바닥으로 떨어졌다. 일어설 힘도 없었다. 하지만 잊기 위해 힘을 냈다. 전수가 할 수 있는 일이라고는 최대한 빨리 잊는 방법밖에 없었고, 그러기 위해서는 술의 힘이 필요했다. 전수는 집 앞 편의점으로 갔지만, 그곳에 들어가지는 않고 조금 더 걸어 동네 마트로 갔다. 소줏값이 300원이나 차이 났기 때문이다. 순간 300원 때문에 먼 길을 둘러가는 모습에서 생존 욕구가 아직 남아 있음을 잠시나마 느꼈다.

소주 2병을 사 들고 빈방으로 들어와 그대로 병나발을 불었다. 아무렇게나 기대 앉은 자세는 서서히 허물어져 내렸다. 두 번째 기회가 이렇게 사라져 버리나, 전수는 목이 반쯤 꺾인 채 그대로 잠들어 버렸다.

겨우 눈을 떠 휴대전화를 확인하니 부재중 전화가 10통이나 와 있었다. 전화벨 소리도 전혀 못 듣고 죽은 듯 자버린 것이다. 10이란 숫자를 보자 잠이 확 달아났다. 아직도 채무가 남아 있단 말인가? 채무자들에게 시달린 탓에 전화벨 소리와 부재중 전화에 대한 공포가 여전히 남아 있었다. 하지만 전수는 채무를 모두 정리했기에 떳떳해지자 다짐하며 통화목록을 확인했다. 황금시장 전화번호였다. 두근거리는 마음으로 재빨리 통화버튼을 눌렀다.

"여보세요? 황금시장 맞죠?"

"노전수 씨, 10번이나 통화 시도하다 포기하고 다음 순번에게 전화하려던 참이에요. 다행이네요."

"혹시 무슨 소식이라도 있나요?"

"노전수 씨에게는 희소식이죠. 선정된 한 분이 갑자기 취업하는 바람에 매대 운영을 포기하는 각서를 아침에 쓰고 갔거든요."

"그럼 제게 기회가 주어지는 건가요?"

"지난번에 후보 1순위라고 말씀드렸죠? 노전수 씨에게 천운이 내린 것 같네요. 지금까지 한 명도 선정자가 포기한 적이 없었거든요."

"감사합니다! 감사합니다!"

전수의 허리는 반쯤 꺾였다 펴지기를 수차례 반복했다. 그는 멋쩍게 웃으며 말했다.

"정말 열심히 하겠습니다! 기회 주셔서 감사합니다!"

전화 한 통에 숙취는 말끔히 사라져버렸다.

'어엿한 새사람으로 태어나자. 이제는 앞만 보고 가는 거야!'


불야성의 대명사가 된 황금시장 야시장, 그 가운데 가장 꽃피는 포장마차가 있었으니 바로 황금막창이었다. 황금막창은 북적북적 문전성시를 이루었다.

"황금막창 한번 드셔보고 가세요! 기똥찬 맛입니다!"

수없이 소리 지르며 연습했다. 시장 장사는 그래야 한다고 생각했다. 하지만 정작 한 번도 소리를 지르지 않은 듯했다. 왜일까? 광고비로 많은 돈을 써서? 블로그 광고효과 덕분에?

돈을 셀 시간도 거스름돈을 내줄 시간도 없었다. 최상의 음식을 조리해 내는 데 신경을 다 썼다. 돈 계산은 손님들이 셀프로 해갔다. 전수가 한 일이라고는 빨간 통에 현금이 가득 차면 금고에 쏟아 부어 비우는 것이 전부였다.

네이버 광고는 모두 취소했다. 컴퓨터를 켤 시간도 없어 광고를 취소하기 위해 잠시 짬을 내야만 했다. 켠 김에 포털에서 황금막창을 검색하자 '황금시장 황금막창 강추!' '죽기 전에 꼭 먹어봐야 할 막창 베스트 3에 랭크!' '늦게 가면 품절!' 등 전수의 막창을 찬양하는 블로그 글이 다섯 페이지를 넘어가고 있었다.

혼자 장사하려니 너무나 힘들었다. 장사를 시작하고 2개월이 지날 무렵 전수는 몸져눕고 말았다. 사흘을 강제로 쉴 수밖에 없었다. 막창을 준비하는 데 10시간, 장사에 6시간을 일하고 나면 5시간도 못 자는 강행군의 연속이었다.

'이렇게는 도저히 운영이 안 되겠어!'

일은 둘째 치고 사람이 살고 봐야 했다. 아파서 쉬는 동안 그간 장사한 금액을 정산했다. 하루 매출 500만 원, 일일 순수익 300만 원으로 한 달 순수익이 1억 원에 육박하고 지난 두 달간의 순수익은 2억 원이나 되었다. 그래, 이제 한숨 돌리고 가자.

시장 초입에 '함께 일하실 분 구함'이라고 크게 쓴 종이를 붙여 두었다. 일하려는 사람이 무척이나 많았다. 손이 야무지고 재바른 사람을 파트너로 맞이했지만 1주일을 넘기지 못하고 그만두었다. 입소문이 빠르게 퍼지면서 대기 줄은 점점 더 길어져만 갔고 아무리 손놀림이 빨라도 손님의 수요를 다 맞추기가 무척 힘들었다.

그러던 중 한 여자가 일하고 싶다며 찾아왔다. 돌싱인 그녀는 엄청나게 절박하다고 했다. 전수는 절박했던 자신의 삼 개월 전이 문득 생각났다. 하지만 그의 대답은 의외로 차갑고 냉정했다.

"보통 힘든 일이 아닙니다. 하다가 그만둘 거면 아예 시작할 생각도 마세요."

"시켜만 주시면 죽을힘을 다해서 해볼게요. 딸린 애가 둘인데 저도 일에 미쳐 살아야지 맨정신으로 살기가 정말 힘드네요. 자꾸만 절망적인 생각들이 떠올라 안 되겠어요."

"일단 일 배우면서 1주일 버티면 그때 함께 일할지 진지하게 생각해볼게요."

"감사합니다. 1주일이고 1년이고 꼭 버틸게요."

"통성명이나 합시다. 내 이름은 노전수요. 우리 아버지가 돈의 노예가 되지 말라고 수전노의 반대로 노전수로 이름 지어 주셨어요."

"제 이름은 금연우예요."

부창부수가 따로 없었다. 한 명은 굽고 한 명은 불꽃 쇼. 손놀림이 재바르다. 연우는 일주일을 버티고 한 달을 넘겼다. 일할 때 둘은 말이 없었다. 그저 구우면 불꽃을 피워주고 구우면 불꽃을 피워주며 땀방울만 말없이 닦을 뿐 바쁘기 그지없었다. 어느덧 1년이란 시간이 흘렀다.

둘은 일에서 손만 맞는 것이 아니고 마음도 잘 통했다. 과거 자신을 떠난 아내와 아이들이 가끔은 그리웠지만 그럴수록 이를 악물었다. 그들이 차지했던 마음의 빈자리가 어느 날부터인지 서서히 금연우와 그녀의 아이들 생각으로 채워졌다. 1년 만에 10억 원의 자산을 일구어낸 전수는 한눈파는 법이 없었다. 10억 원의 돈으로 더 크게 장사를 벌일 수도 있었지만, 과거 사업을 확장하다 망해 길거리로 내앉았을 때의 고통이 기억나 더욱 황금막창에 집중할 수 있었다. 사업이 안정을 찾기 시작하자 스멀스멀 연애감정이 싹트기 시작했으니…….

"금연우 씨 언제까지 혼자 살 거요?"

"이혼한 지 이제 1년 조금 지났는데 마음 좀 더 추스르고 살아야죠. 애들 커가는 모습도 볼 여가 없이 정신없이 일하니까 오히려 낫네요."

"언제까지 일만 하고 살 거요? 나 같은 사람 괜찮지 않소?"

"농담도 지나치세요. 사장님하고 제가 어떻게요. 애가 둘이나 딸린 제가 어디 감히 사장님을 넘보겠어요. 가진 것도 아무것도 없는걸요."

연우는 겸손할 뿐만 아니라 성실했다. 함께 일하는 시간이 길어질수록 천생배필이라는 느낌을 지울 수 없었다. 같이한 지 2년이 되던 날 열심히 막창을 굽고 있는 연우의 바지 주머니에 반지 상자를 집어넣었다.

"일 끝나고 빼 보세요."

"사장님 도대체 뭘 넣으셨어요? 장난치지 마세요. 장난이라곤 모르시는 분이 참 의외네요."

연우는 주머니를 신경 쓰지 않고 일만 했다. 정신없는 하루였다. 메일이 정신없는 날들이었다. 어제가 오늘 같고, 오늘이 어제 같고 모두 모두 바쁘기만 한 날들의 연속이었다. 달력을 넘긴 적이 언제 인지 날짜를 세어본 것이 언제인지 까마득했다. 2010년인데도 전수 방의 달력은 2008년 3월에 멈춰 있었다.

'그녀는 주머니에 들어 있는 것이 안 궁금한가?' 가뜩이나 신경 써 서 준비했는데 도무지 관심이 없어 보이는 연우에게 살짝 서운했다. 일을 마쳤는데도 일언반구 말이 없었다. 주머니 속에 든 것을 빼내 볼 생각도 하지 않았다. 조금 불길한 느낌이 들었다.

다음 날 아침 막창을 손질하고 있는데 출근한 연우가 다가와 전수 를 뒤에서 슬그머니 껴안았다.

"고마워요, 사장님. 제가 뭐라고, 제까짓 게 뭐라고……."

"나는 내 마음도 몰라주는 줄 알고 밤새 잠을 설쳤지 뭐요."

"말씀이라도 해주시지. 정말 분위기 잡을 줄 모르시네요."

함께 일한 지 2년 2개월째 되던 날 둘은 조촐한 결혼식을 치렀다. 한 번씩 갔다 온 경험이 있었기에 성대하지는 않았지만, 마음만은 다른 무엇으로도 채울 수 없을 만큼 흡족했다. 두 아이도 잘 따라 주 었기에 다시 훌륭한 한 가족이 될 수 있었다.

원룸에서 살 수는 없는 노릇이었기에 한동안 발길이 뜸했던 부동 산 중개소 김 소장을 찾아갔다. 과거 살던 아파트와 이웃한 아파트를 자신이 판 금액과 유사한 3억 4천만 원에 살 수 있었다. 그리고 10억 원 정도 하는 상가도 하나 봐달라고 했다. 신수가 훤해진 전수를 보는 김 소장의 눈빛은 놀라움으로 번득였고 좋은 고객을 맞이했을 때 지을 법한 친절을 전수에게 베풀어주었다.

전수의 목숨과도 같던 집을 싸게 처분해야 했을 때 김 소장은 전수에게 조금의 동정도 보이지 않았다. 그저 중개수수료에만 눈이 멀어 있는 모습이었다. 전수가 부동산 중개소 문을 열고 밖으로 나설 때 김 소장의 허리는 이미 절반으로 접혀 있었다.

"따르릉"

"노 사장님 부동산 시세가 참말로 없는데도 좋은 자리는 매물이 도통 나오지를 않네요."

"뭐 급할 것 없으니 돈은 조금 더 들더라도 괜찮은 자리로 알아봐주세요."

9개월이란 시간이 흘렀다. 전수가 장사를 시작하고 3년의 세월이 흐른 것이다. 포장마차의 계약 기간은 4년이었으니 이제 1년밖에 남지 않았다. 김 소장이 가끔 상가 건물을 보여줬지만, 마음에 드는 입지에는 여전히 매물이 없었다. 살 집 하나 있고 은행 예금도 넘쳐나니 이제 조금 쉬고 싶은 생각도 들었다. 지독하게 일해서 그런지 몸도 조금씩 아픈 곳이 생겼다. 지금의 통증은 노숙자 시절 손발 끝에 감각이 사라지며 느꼈던 그 고통에는 감히 견줄 수도 없다고 생각했

대한민국 부동산 흐름 읽는 법

다. 전수는 다시 마지막 1년을 불태우리라 다짐했다.

6개월이 더 지난 후 부동산 중개소 김 소장이 전화를 걸어왔다.

"노 사장님, 급히 드릴 말씀이 있으니 사무실에 방문해주세요."

"전화로 말씀하시지, 꼭 가야 합니까?"

"네 아주 큰 건이라서요."

"일 마무리하고 가도 될까요?"

"물론이죠. 언제까지든지 기다리고말고요."

자정이 넘어 부동산 중개소를 들렀다. 자정이 넘도록 불을 켜놓고 장사하긴 처음이라는 김 소장은 전수의 비위를 맞추려 애썼다.

"혹시 3년 반 전에 노 사장님 아파트 사 간 사람 기억하시나요?"

"그 눈이 쭉 찢어지고 간사해 보이던 사람 말이오?"

"얼마나 돈을 밝히고 없는 사람들 등치려고 하던지, 제가 말씀은 안 드렸지만 좀 악질적이긴 했지요."

불과 얼마 전까지만 해도 그런 전 사장의 비위를 맞추며 알랑방귀를 뀌던 김 소장은 넉살 좋게도 이번에는 전수에게 알랑방귀를 뀌고 있었다.

"노 사장님 잘 들어보세요. 전 사장이 부동산이 폭락하기 시작하니까 매물을 싹 거둬들였단 말입니다. 무려 갭투자로 130채나 사들였지 뭡니까. 너무 과하게 먹어서 체했는지 자금 압박이 들어왔나 봐요."

"아직까지 집값이 반등도 하지 않았는데 많이도 산 모양이군요."

"대출을 여기저기서 끌어들여 얼마나 집을 샀던지 전세보증금 못 돌려준다며 버티는 통에 울며 떠난 이웃이 한둘이 아니라니까요. '남의 눈에 눈물 나게 하면 자기 눈에 피눈물이 난다'는 말처럼 자기 자금줄이 막혀버리니까 도저히 해결이 안 되는 모양이에요. 노 사장님 일하시는 시장 옆 코너 자리에 35억 원쯤 하는 상가가 있는데 그걸 처분하려나 봐요."

"거기 정말 탐나는 자리인데. 그런데 아직 그만한 돈이 없으니 어쩌죠. 딱 6개월만 있으면 될 것 같은데……."

"워낙 구찌가 큰 물건이다 보니 선뜻 나서는 사람이 없어 급매물로 내놓자니 억울한 모양이에요."

"흥정은 붙이고 싸움은 말리랬다고 소장님이 흥정 한번 잘 붙여주시오."

"중개수수료는 넉넉히 챙겨주시는 거 잊지 마세요."

김 소장은 때때로 연락했다. 5개월이나 더 흐른 지금까지도 임자가 선뜻 나서지 않은 모양이었다.

"사장님! 제가 30억 원이면 임자가 있다고 했더니 전 사장이 조금 망설이는 눈치이긴 하나 단단히 급한 듯 보이더라고요."

"오호, 30억 원이면 구미가 당기는데요. 성사만 시켜주면 내 소개비로 1억 원을 드리지요."

김 소장의 일 처리는 빨랐다. 일주일이 채 지나기도 전에 전수는 계약서에 도장을 찍을 수 있었다.

상가를 사들이고는 6년을 꼬박 쉬었다. 호사라는 호사는 다 누려 본 세월이었다. 하는 일이라곤 틈틈이 김 소장을 만나는 것과 여행 그리고 낚시였다. 그것은 크나큰 위로였다. 시장통의 시끌벅적함이 가끔은 그리웠으나 고요가 그리웠고 고요가 좋았다.

몸이 근질근질해서 참을 수 없었다. 경제는 다시 호황을 달리는 듯했다. 또 한 번의 정점을 찍는 듯했다. 하지만 그것은 부채로 이룩한 허상이었다. 불황기에는 무한리필집이 인기라는 것을 전수는 과거 경험을 통해 배웠다. 배운 게 도둑질이라고 다시 장사하고 싶어졌다. 전수는 남보다 한발 앞서기로 했다. 불황이 본궤도에 들어서기 전에 먼저 시작하는 것이었다. 때마침 세입자의 계약 기간도 다 되어가서 1억 원을 시설비 조로 내밀었기에 원만히 협상을 타결할 수 있었다. 30억 원에 사둔 상가가 60억 원이 되었기에 선뜻 쓴 인심이었다.

놀고 보낸 지난 6년은 헛되지 않았다. 일본여행에서 무한리필집을 가서 보니 연령대별로 다른 요금을 받았다. 우리나라가 대인 10,000원, 소인 8,000원 식이라면 일본은 연령대를 더 세분화했다. 한창 많이 먹을 20~30대의 가격은 높게, 40~50대는 그보다는 조금 낮게, 어린이와 60대는 아주 싸게 가격을 책정하는 방식이었다.

이 방식을 바로 채택해서 누구나 만족스럽게 먹고 돈을 낼 때도 가벼운 마음으로 계산할 수 있도록 돼지고기 무한리필 가격을 머릿속으로 멋지게 구상했다. 그리고 황금막창을 테이블당 1인분씩 서비스로 제공해주기로 했다. 그렇게 해서 남는 게 있겠냐는 사람도 있었고 아내도 전수를 말리려 했다. 육가공 업계의 구조를 잘 알 뿐만 아니라 장사에도 빠꿈이가 된 전수는 아내까지 말리려 하는 장사라면 더욱더 승산이 있다고 생각했다. 세상의 3대 거짓말 중의 하나가 '장사꾼이 이문 남는 것 없다'지 않았던가. 수익성은 자신 있었다.

'황금갈비' 전수의 머릿속에 퍼뜩 떠오른 이름이었다. 황금이라는 상호는 차마 떼어낼 수 없었다. 지금의 전수를 있게 한 것은 황금시장이기 때문이다. 인테리어가 끝나고 막 장사를 시작하려던 무렵 TV에서는 집값이 꼭지를 찍었다는 징후가 포착되고 사람들이 지갑을 닫기 시작했다는 뉴스가 나왔다. 천재일우였다. 속으로 쾌재를 부르짖지만 아픈 과거가 떠올라 온전히 좋아할 수는 없었다. 또 다른 경제하락의 광풍 속에 또 얼마나 많은 사람이 아픔을 겪을는지⋯⋯.

전수는 마음을 다잡았다. '더 싸고 더 질 좋은 음식을 제공하자.' 그것이 바로 전수가 해야 할 일이었다. 오롯이 준비 중인 일에만 집중하기로 했다.

야시장이 하루에 6시간의 장사를 하는 것이라면 황금갈비는 하루 16시간의 장사가 가능했다. 아침 10시부터 새벽 2시까지 영업할 수 있었다. 초반에는 황금막창에 입맛이 길든 사람들이 찾기 시작했다. 황금갈비는 아직 입소문을 타기 전이었다. 그런데도 문전성시를 이루었으니, 다들 불경기로 죽겠다고 아우성치는 와중이라 주위의 질투와 시샘을 한 몸에 받았다.

돼지갈비 4인분에 4만 원이나 하는 시절에 돼지갈비 무한리필을 저렴한 가격으로 즐길 수 있으니 소비자의 만족도는 높아만 갔다. 최저임금이 올랐지만 아랑곳하지 않고 가격을 유지했다. 자신의 상가에서 영업하기에 가능한 일이었다. 손님들은 열광했다. 착한가게로 입소문을 타고 인기가 하늘 높은 줄 모르고 치솟았다. 가맹점을 내달라는 문의 전화만 하루에 수십 통이 왔다. 대기표를 발부하는 기계도 샀다. 주차장 부지도 사들였다. 사업이 너무 커지자 무섭다는 생각마저 들었다. 이 행복이 언제까지 계속될까.

건물을 포함한 건물의 가맹 사업권, 영업권, 모든 집기와 노하우를 전달하고 비밀로 함구한다는 조건으로 100억 원에 사겠다는 사람이 나타났다. 오래 고민하지 않았다. 인생에서 찾아온다는 3번의 기회 중 마지막이 이번인가 싶었다. 과도한 욕심 뒤에는 과도한 불행이 따라왔음을 알기 때문이기도 했다.

부동산 중개소 김 소장을 방문하여 건물 계약서를 작성했다. 여기 오기까지 돌고 돌아 참 오랜 시간이 걸렸다고 회고했다.

전수는 황금갈비를 개업하고 3년간 찾아뵙지 못했던 아버지를 뵈러 가야겠다고 생각했다.

# 4부

# 부동산 사이클
# 레버리지

레버리지란, 자산투자로부터의 수익 증대를 위해 차입자본(부채)을
끌어다가 자산매입에 나서는 투자전략을 말한다.

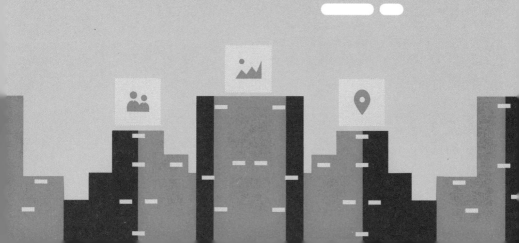

# 22장
## 강남득 이야기 2 - 준비된 자에게 찾아온 기회

**강남득** 허리띠 졸라매며 사는 교사로 간도 작고 겁도 많다. 부동산으로 잘나가는 선배의 조언을 받고 집을 사고 싶지만 왜인지 자기가 사면 오르던 집값도 떨어지는 것 같고, 자기가 팔면 내리던 집값도 오르는 것 같아 속만 상한다. 다음엔 무조건 선배가 살 때 따라 사겠다고 다짐해 본다.

이제 본격적인 부동산 레버리지 투자의 시기가 도래했다. 사람들은 레버리지 시기의 도래를 눈치조차 채지 못했다. 하지만 남득은 부동산의 빙하기가 끝나고 따스한 봄이 도래함을 눈치챘다. 우선 빙하기가 끝나가는 증거들을 수집했다. 일가족의 극단적 선택뉴스가 정점을 찍고 그 수가 줄어들고 있었고, 경매물량이 역대 최대였다는 뉴스를 끝으로 최근에는 골목골목 붙어있던 경매 물건에 대한 전단지가 사라지기 시작했으며, 거리를 가득 메우던 할인 분양 플래카드도 수가 많이 줄어들어 있었다.

남득은 아파트 거래량의 변화도 빠르게 파악했다. 활황기 때 서울 아파트 거래량이 월평균 10,000건을 웃돌다가 비수기를 맞아 2,000건을 넘기는 경우도 드물 정도였는데 지난달에는 거래량이 3,000건, 이번 달에는 4,000건으로 늘어난 것을 발견했다. 또한 경기도의 아파트 거래량이 활황기에 20,000건이 넘었다가 비수기에 5,000건을 넘기 힘들었는데 지난달은 6,000건, 이번 달에는 8,000건으로 거래량 회복 조심이 보였다.

남득은 그동안 물색해온 지역을 임장했다.

"소장님, 요즘 물건 좀 나온 것 있습니까?"

"남득 씨 우리 집 단골은 단골인데 구매 한번 한 적 없죠? 사시지도 않을 거면서 또 물으시는 거죠? 커피나 한잔 드시고 가세요."

"무슨 섭섭한 말씀을! 전세 기간도 다 끝나가고 이번에는 진짜 살려고 하는데요."

"매물이야 차고 넘치죠. 매수자는 눈을 씻고 찾으래야 찾을 수 없고 매도자만 방문하니 거래를 성사시켜야 하는 제 입장에서는 정말 집에 돈 가지고 가본 적이 오래되었네요. 피크 때 벌어놓은 돈 까먹고 지낸 지가 거의 4년이에요."

"소장님 매상 올려 드리려고 왔으니 오늘은 공짜 커피 아니겠네요."

"남득 씨는 왜 아파트 단지 그 끝자락만 찾는데요? 정말 특이해요."

"그건 제가 다음에 사면 말씀드릴게요."

"아파트 단지 끝자락이지만 최신식이긴 하죠. 새집 좋아하시나 봐요."

주위 시세는 지난 4년 전과 비교하면 30%나 떨어져 있었다. 4억 원을 호가하던 집이 3억 원으로 떨어져서 가격은 매력적이지만 심리가 꽁꽁 얼어붙은 탓에 구매자가 선뜻 나서지 않았었다.

"때마침 남득 씨가 찾는 아파트 로얄동 로얄층이 나와 있는데 커피 다 드시면 가보실래요?"

"듣던 중 반가운 소식이네요."

3억 원짜리 전셋집에 들어갈 당시 4억 원짜리 집을 추후 싸게 살 수 있을 거라는 확신을 가졌다. 4년이라는 시간이 남득에게는 기회로 다가온 것이다. 누군가에게는 눈물이었을 시간과 돈이지만 남득에게는 인내의 달콤한 열매가 될 수 있을까? 남득은 지난 부동산 공부의 시간을 되돌려봤다.

서울의 래미안 리더스원 아파트(2018년 11월 분양, 33평, 분양가 약 17억 원)로 가보자.

주변 아파트 가격을 파악해 본다.

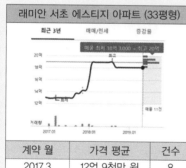

| 계약 월 | 가격 평균 | 건수 |
|---|---|---|
| 2017.3 | 12억 9천만 원 | 8 |
| 2017.4 | 12억 9천만 원 | 1 |
| 2017.6 | 12억 9천만 원 | 1 |
| 2017.9 | 13억 6천만 원 | 1 |
| 2017.11 | 14억 2천만 원 | 2 |
| 2018.1 | 16억 1천만 원 | 2 |
| 2018.2 | 18억 9천만 원 | 1 |

| 계약 월 | 가격 평균 | 건수 |
|---|---|---|
| 2016.10 | 10억 3천만 원 | 1 |
| 2017.2 | 9억 원 | 1 |
| 2017.4 | 11억 1천만 원 | 1 |
| 2017.5 | 11억 1천만 원 | 1 |
| 2017.6 | 11억 7천만 원 | 1 |
| 2018.4 | 15억 4천만 원 | 1 |
| 2018.6 | 15억 6천만 원 | 1 |

래미안 리더스원 아파트 분양 1년 전만 해도 34평형 기준 17억 원 정도였으면 우와! 비싸다 했을 텐데 주위 아파트값이 오르면서 갑자기 주변보다 1억 가까이 싼 로또로 둔갑한다.

경기도 미사역 파라곤(2018년 15월 분양, 39평, 분양가 약 5억 7천만 원)으로 가보자.

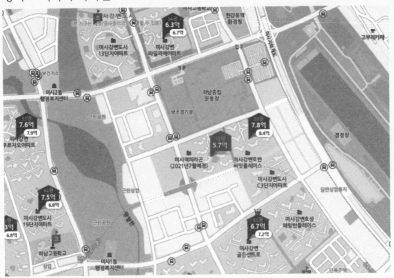

주변 아파트 가격을 파악해 본다.

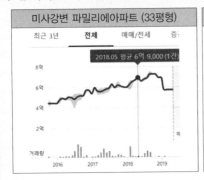

결론 1. 분양 시작 1년 전부터 움직이기 시작한다. 물론 좀 더 일찍 움직이기도 한다. 연중 분양 일정을 보고. 1년 정도 여유 있게 분양 예정지 아파트 인근 아파트를 구매한다.

결론 2. 청약이 완료되면 곧이어 주변의 거래 열기가 식는다.

안양 평촌 푸르지오(2019년 2월 분양, 34평 약 7억 2천만 원)로 가보자.

주변 아파트 가격을 파악해 본다.

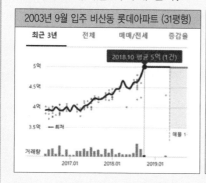

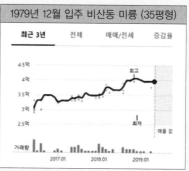

결론 3. 더 크고 안전한 시세차익을 원하면 주변 신축을 먼저 공략하자.

결론 4. 주변 시세보다 지나치게 높은 분양가인 아파트를 주의하자.

우리 동네 아파트값은 크게 변화가 없다고? 당신 주변에 신축이 없어서 그렇다.

로또 아파트로 검색해보면 2007년 2018년 등으로 검색이 된다. 대규모 분양 시기와 로또 아파트 등장 시기가 비슷하게 나타나는 경향이 있다.

결론 5. 대규모 분양은 침체기 이후에 고개를 든다. 대규모 분양을 앞둔 시점을 공략하라.

남득은 수많은 사례를 통해서 위의 내용을 숙지하고 있었다. 부동산 빙하기에는 분양도 잔뜩 움츠려 있었다. 많은 건설사가 도산하는 과정에 용기 있게 나서는 곳이 없기 때문이다. 남득이 고집스럽게 대단지 아파트의 끝자락을 고집했던 이유는 대단지 아파트 끝자락에 공공택지와 민간 택지가 터만 닦아둔 채 대기하고 있었기 때문이다. 지금은 변방으로 보일지언정 오래지 않은 미래에는 초대단지의 중심에 위치할 것이 분명했다.

집을 둘러본 남득은 만족했다. 영구조망은 확보해둔 상태였다. 공공분양과 민간분양이 이루어질 그 터를 바라보고 있으니 눈앞에 미래에 들어설 초·중·고등학교, 도서관, 공원 그리고 그 공원을 둘러쌀 대단지의 아파트가 쑥쑥 땅에서 솟아오르는 착각에 빠졌다.

남득은 집을 사겠다고 말하려는 순간 퍼뜩 생각했다. '서두르지 말자! 서두르지 말자! 매수자 우위 시장임을 잊지 말자!'

하지만 마음에 드는 물건 앞에서 서두르다 기회를 놓치고 싶지는 않았다. 집주인에게 500만 원만 깎아달라고 말해보았다. 주인은 흔쾌히 그래주었다. 3억 원에서 500만 원이 차지하는 비중은 크지 않을지언정 그 돈이면 중개보수와 세금이 해결되었기에 남득도 크게 만족했다.

집을 계약하고 1년쯤 지나지 않아. 인근 빈 터전에는 아파트가 들어선다고 현수막이 붙기 시작했다. 분양가가 4억 원 선이 될 거라는 전망이 유력했다. 사람들은 지금 같은 불경기와 부동산 내리막 시기에 지나치게 분양가가 높다고 비난했다. 사람들이 비난하건 말건 남득이 구매한 아파트값은 불과 구매한 지 1년이 조금 지났을 뿐인데 3억 6천만 원을 호가했다.

남득은 부동산 공부 5년이 헛되지 않았다고 생각했다. 2년이 갓 지났을 무렵 집값은 4억 2천만 원이 되었다. 단기간에 성과가 좋아서 만족하던 남득은 4억 5천만 원에 매물로 던졌다. 1가구 1주택 양도소득세 비과세 혜택을 노린 것이었다.

생각보다 높은 매도 호가에 누가 선뜻 사려고 나설지 의구심도 들었다. 그러나 며칠이 지나지 않아 부동산 중개소에서 연락이 왔다. 건설회사에서 임원용 사택으로 쓸 거라며 구매 의사를 밝혀왔다. 이미 부동산 공부를 통해, 건설회사에서 법인 명의로 주변 물건들을 사들인다는 말을 들었는데 그 행운이 찾아온 것이었다. 기쁜 마음으로 계약서에 도장을 찍은 남득은 4억 5천만 원을 받아들고 기뻤다. 집값이 더 오르지는 않을까 아쉬움도 마음 한편에 자리했지만 남득은 또 다른 기회를 포착할 줄 아는 사람이 되어 있었다. 모두가 부동산 고점에서 희희낙락할 때 미래를 준비한 것이었다. 사람들이 변화의 시점을 인식하지 못하고 그냥 과거의 추세가 앞으로도 계속 이어질 것이라는 가정 하에서 미래를 예측하는 추세분석(trend analysis)에 기초한 전망에만 의존할 때, 남득은 눈앞에 펼쳐지는 상황의 이면에서 꿈틀거리는 미래 위기의 가능성까지 꼼꼼히 따졌다.

쉽지는 않았다. 모두가 옳다고 할 때 혼자서만 아니라고 해야 했으니. 모두가 아파트값을 예언하려 들 때 예측으로 미래를 준비한 것이 주요했다. 물론 많은 시행착오를 겪으며 다양한 공부도 했다. 배움의 길에 지나치게 공격적인 사람도 많았다. 전형적인 추세분석가들이었다. 그들과는 대화가 통하지 않아 공부에서 많은 어려움을 겪을 수밖에 없었다.

내딛는 한 걸음 한 걸음이 모두 깨달음으로 가는 것이 아니고 혼란으로 이끌기 일쑤였다. 하지만 정보의 전쟁터 속에서 또는 변화의 시기를 맞이하는 즈음에 대한 판단에서 미래학자 최윤식이 쓴 책이 무엇보다 도움이 되었다. 이익 앞에 눈먼 게시판 전쟁터의 이전투구보다 한 권의 책이 남득에게는 희망이었고 위로였다.

남득은 3억 5천만 원으로 이전 전세 살던 곳 근처의 아파트를 샀다. 그의 지긋지긋하던 부동산 공부는 삶의 한편으로 내던져둔 채 언제가 다가올 미래의 불확실성을 대비하기 위해 은행을 찾았다. 강남득의 이름으로 된 1억 원이 예치된 예금 통장과 적금통장을 만들어 가슴 안쪽 주머니에 넣으며 은행 문을 나서는 그의 가슴속은 훈훈했다.

# 23장

## 김미영 이야기 2 - 서민의 꿈

~~~~~~~~~~~~~~~~~~~~~~~~~~~~~~~~~~~~~~~~~~~~~~~~~

**김미영** 어렵고 힘든 어린 시절부터 분명한 목표의식을 갖고 종잣돈을 모아
왔다. 부동산투자 카페와 독서 등을 통해 공부를 게을리 하지 않고, 아파트로
많은 돈을 벌었지만 무조건 상승만 외치며 헛된 꿈에 현혹되지도 않았다. 입
에 쓴 주변 충고와 하락론자들의 의견도 경청하며 열심히 배운 덕에 어려운
시기가 닥쳤지만 손해보지 않고 현명하게 부동산 투자를 해나갈 수 있었다.


미영은 부동산 시장에 찬물이 끼얹어진 이후에 더욱더 부동산 공
부 삼매경에 빠졌다. 한 번 알기는 어려웠지만 알고 나니 그 흐름이
너무나 잘 보였다. 하루는 부동산투자 카페에서 Innocence가 올린
사진 한 장을 뚫어지라 바라보았다. 여러 장의 사진 중에 유독 눈에

띄었던 까닭은 현재 거주 중인 수원과 가까웠기 때문이다.

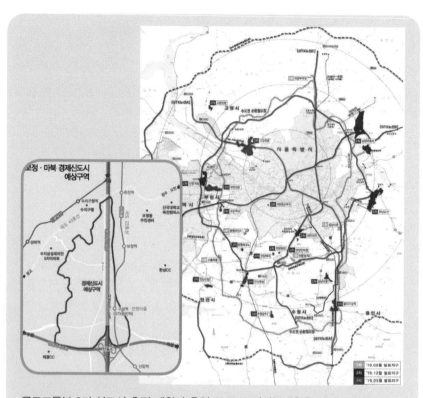

국토교통부 3기 신도시 추진 계획과 용인 2035 도시기본계획을 살펴보세요.
용하게 돈 냄새 잘 맡는 사람 있죠?
여러 곳의 투자 지역 중에서 향후 어디로 돈이 모일지 예상해 보죠.
Youtube에 가면 지역별 드론 영상이 있습니다. 감상해보세요.
급 호감이 가는 지역이 있나요?
계획은 계획일 뿐 미리 공부해 두시라고 글 남겨요.
결론. 쉽게 예측하려 하지 말자. 어설픈 예측으로 돈 잠기면 피곤해요.

부동산과 저축으로 일군 자산 12억 원을 은행에 넣어두었더니 일 년에 3,000만 원의 이자가 붙었다. 연봉보다는 적지만, 직장을 그만두고 아끼고 살면 이것만으로도 괜찮을 것 같았다. 하지만 미영에게는 더 큰 꿈이 있었다. 작은 건물이나마 건물주가 되는 것이었다. 그래서 차마 직장을 그만두지 못했다.

다들 상가 공실이 늘어나고 더 이상 꼬마 빌딩은 전망 없다는 말들을 쏟아내고 있었기에 미영도 처음에는 선뜻 내키지 않았다. 그러다 우연히 읽은 책에서 하나의 문장에 꽂히게 되었다. '금융시스템은 반드시 버블을 수반한다.' 역사적으로 버블은 지속되어 왔고 버블이 터지는 순간 모든 것이 무너지고 끝장날 것 같지만 그 과정을 통해서 새로운 희망이 싹트는 것을 보았다.

미영은 틈만 나면 책을 봤다. 여러 사람의 지혜를 얻는 과정일 뿐만 아니라, 생각이 한길로만 흐르는 것을 막아주기도 했기 때문이다. 어떤 날은 부동산 책, 어떤 날은 인문학 책을 읽으며 분주한 나날을 보냈다.

한날은 신화를 읽다가 한참 웃음을 터트렸다. 기회의 여신 사진을 본 것이다. '아름다운 여신이 대머리라니, 하하!' 앞머리는 풍성하지만 뒷머리는 대머리라는, 참 웃긴 설정이었다. 그리고 발 뒤쪽에는 날개가 달려 있었다. 단순히 웃고 지나치기에는 시사하는 바가 컸다. 언젠가 기회가 오면 놓치지 않으리라.

어느 날은 경매 책도 읽었다. 위험한 경매라는 책이었는데 경매가 대박을 안겨주는 줄 알았는데 그 이면에 도사린 위험도 있다는 것을 알았다. 혹시라도 경매에 참여한다면 변호사와 협의해서 해야지 혼자는 안 되겠다는 생각도 하게 되었다.

부동산 투자가 끝물이다, 거품이 꺼지고 모두 힘들다 등의 뉴스가 나오자 미영은 기회의 여신을 떠올렸다. 과거 Innocence가 올려둔 게시 글들도 다시 찾아보았다. 네이버부동산에 들어가 매물도 찾아보고 경매 사이트에 들어가 물건도 매일 검색했다. 생각보다 매물이 잘 보이지 않았다. 계좌를 확인하니 이자에 이자가 더해졌고 아끼며 저축한 돈까지 더해져서 14억 원으로 불어 있었다. 이제 마음에 드는 물건만 나타나면 되는데 좀처럼 보이지 않았다.

주말을 맞아 대구에 계신 부모님을 뵈러 갔다. 이런저런 이야기가 오가다가 부동산 이야기로 옮겨갔다. 대구는 타 지역에 비해 부동산 하락이 늦게 찾아왔다고 했다. 뒤늦게 청약에 당첨되어 좋아하던 사람들이 기존 집을 못 처분해 계약금을 날린 이야기, 대출을 잔뜩 안고 2채씩 가진 이웃들이 대출을 감당하지 못해 1채를 헐값에 팔 수밖에 없었다는 이야기, 소규모 건설업체가 재개발 진행 중에 부도나서 난장판 된 이야기, 부동산 업자가 오피스텔 보증금을 모았다가 도망간 이야기 등 아비규환이 따로 없었다.

그 와중에 다시 희망이 싹트는 분위기도 보인다고 했다. 지역 경기가 많이 침체된 탓에 나라에서 SOC사업을 적극적으로 추진하면서 과거 말 많던 순환선 공사가 본격적으로 시작되었단다. 미영이 어릴 적 살던 동네 사진을 보여주며 2번 안으로 확정되었다고 하셨다.

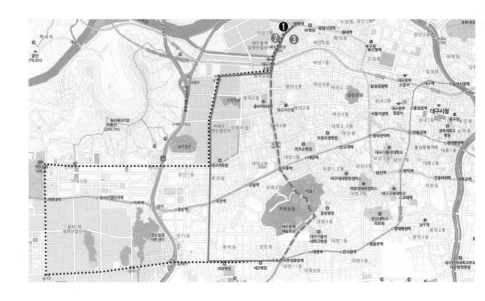

　불경기인데도 확정 전부터 2번 안 주변으로 건설이 붐을 이루었단다. 다른 사람들이 부동산투자로 손해를 보는 동안에도 2번 안 주변의 땅값과 집값은 오히려 올랐다며 말이다. '정말 돈 냄새를 잘 맡는 사람이 따로 있는 걸까?' '미리 개발 계획을 알고 있었던 걸까?' '선견지명이 있었나?'

　올라오는 길에 수원IC로 빠져나오다가 GTX 용인역 근처에 가보기로 했다. 신도시 개발로 들뜨고 있었지만 주변 지역 역시 침체기를 쉽사리 벗어나지 못하는 모양새였다. 완공이 다 된 건물 앞에 유치권 행사 중이라는 플래카드가 붙어 있고 건물 앞 주차장 자리에 거대한 컨테이너가 있어서 참 희한하다고 생각했다. 너무나 순식간에 지나쳤지만, 미영은 그 순간 차창 유리에 비친 기회의 여신을 발견했다.

"여보, 나도 저런 건물 하나 가지면 소원이 없겠어."

"당신 부동산으로 재미 좀 보더니 손이 참 커졌네. 저런 건물 30억 원도 넘을 것 같은데."

"그만한 돈 있으면 지긋지긋한 직장생활 그만두고 건물주 소리 들으면서 사는 건데."

"당신 회사일이 많이 힘든가 봐?"

"힘들다기보다는 다람쥐 쳇바퀴 돌듯 하루하루 살아가는 게 언제까지 지속될 지 기약이 없으니 답답해서."

"그래도 그렇지, 꿈이 너무 커진 것 같아."

"왜, 꿈은 크게 가지랬잖아?"

"당신 정말 큰 사고 치는 거 아닌지 몰라."

투자와 공부를 통해 남자 못지않게 큰 배포와 안목을 지니고 있으니 남편의 말은 걱정보다는 큰일을 할 거라는 희망을 뜻하는지도 모른다.

집에 돌아온 미영은 늘 하듯 컴퓨터를 켜고 투자카페의 글들을 읽은 후 경매 사이트를 둘러보았다. 눈이 크게 떠졌다. 호시절이었으면 30억 원은 호가할 듯한 상가건물이 매물로 나와 있었다. 감정가는 무려 20억 원, 1회차 최저입찰가는 14억 원이었다. 20억 원은 두려웠지만 14억 원은 욕심이 갔다.

날이 밝는 대로 변호사 사무실을 찾아갔다.

"여기 경매 전문으로 하는 곳 맞나요?"

"맞습니다. 용케 찾아오셨네요."

"관심 있는 물건이 있어서 상담을 좀 하러 왔어요. 경매번호 202X 타경1234X예요."

"네, 잠시 앉아서 차 한잔 하세요."

변호사는 서둘러 경매 물건의 권리관계를 분석했다.

"권리분석을 해보니 복잡한 거는 없고 공사업체 유치권이 2억 원 짜리가 하나 걸려 있네요."

---

알고 가자

**권리분석** 법원경매를 통해 경매물건을 낙찰받기 전 낙찰자가 낙찰대금 이외에 추가로 인수해야 하는 권리가 있는지 여부를 확인하기 위한 절차

**유치권** 타인의 물건이나 유가증권을 점유한 자가 그 물건이나 유가증권에 관하여 생긴 채권이 변제기에 있는 경우에 그 채권을 변제받을 때까지 그 물건이나 유가증권을 유치할 수 있는 권리

---

"그러면 최저 낙찰가 기준으로 하면 총 16억 원이 필요한 거 맞나요?"

"맞긴 한데, 요즘 같은 시기에 그런 큰돈을 투자하는 사람 잘 없지요. 저야 보수를 받으면 좋지만 신중하시는 게 어떨까요?"

"다른 사람들도 저 물건에 관심 많을까요?"

"요즘 경기도 안 좋고 자영업자도 힘들어하고 부동산 경기는 폭망 수준이라 관심은 많이 떨어져 있을 거예요. 무엇보다 현금이 융통되

지 않으니 다들 군침만 삼키겠지요."

"저 최저가에 입찰해봐야겠어요. 혹시 알아요? 기회의 여신이 제게 미소 지을지."

"기회의 여신이라면 행운의 여신으로도 불리는 오카시오?"

"맞아요. 머리끄덩이 잡고 싸운 적은 없어도 기회의 여신 앞머리는 확 휘어잡으려고 오랫동안 벼르고 또 별렀거든요, 호호."

미영은 성공했다. 다른 입찰자가 아예 없었다. 지방법원의 경매 진행 창구는 조용하다 못해 정적이 흐를 정도였다. 오랜 기다림의 성과였을까, 오랜 공부의 끝이었을까? 최저가 입찰에 성공한 미영은 너무나 기뻤다.

잔금을 납부하고 등기를 마무리했다. 어엿한 3층 상가의 주인이 되었으니 남편도 좋아하는 기색이었다. 물론 우여곡절이 따랐다. 꼬마 빌딩을 사느라 살던 집을 더는 소유할 수 없게 된 것이다. 불행 중 다행으로 살던 집을 팔고 그 집에 반전세로 살 수 있게 되었다.

둘이 벌어 사는 집의 월세를 감당하는 것은 크게 어렵지 않았다. 상가를 낙찰받고 초반에는 세입자가 들어오지 않아 마음고생을 했지만, 오래지 않아 지지부진하던 경제 신도시 개발계획이 하나둘씩 실현되었고 더블 역세권이 완성되리라는 소식이 들려왔다. 버블은 터졌고 희망은 움텄으니 그 움튼 희망을 안고 자영업을 하려는 이들이 서둘러 상가를 계약했다.

미영은 임차인에게 받은 보증금으로 새로운 보금자리를 마련하고 다달이 들어오는 월세로 풍요로운 생활을 누렸다. 직장이라는 굴레를 과감히 벗어던지고 집안에 가득하던 부동산 서적들을 도서관에 기부했다.

그녀의 레버리지 투자는 통했다. 언젠가 다시 버블이 생기고 터지고를 반복할 것이다. 하지만 미영은 이제 또 다른 버블을 기다리지 않는다. 그녀에게는 투자보다는 삶이 더 중요한 것으로 다가왔기 때문이다.

# 24장

## 승태와 혜리 이야기 2 – 다시 찾은 기회

~~~~~~~~~~~~~~~~~~~~~~~~~~~~~~~~~~~~~~~~~~~~~

**승태와 혜리** 지방에서 살다가 모든 게 비싼 서울로 올라와 신혼생활을 시작했다. 큰맘 먹고 처음 산 아파트가 오르자 흥분하여 더 큰 집을 구매했지만 꼭지에 산 것. 하염없이 내려가는 집값에 몸고생과 마음고생을 심하게 하다가 결국 처분하고 당분간 집에 대해서는 아예 생각을 않기로 했다.

집값이 내려간다는 뉴스가 연일 쏟아지고 거래절벽에 거래마저 힘들다는 뉴스가 언론에 도배되고 있었다. 둘은 태연했다. 아니 오히려 기회를 기다렸다. 이제는 집을 살 때라는 뉴스가 연일 쏟아져 나왔다. 단 한 번의 기회를 잡기 위해서 둘은 기다렸다. 9억 원짜리 집이 5억 5천만 원까지 떨어질 때의 뼈아픈 과거가 있었기에, 죽음과도 같은 고통을 겪어봤기에, 아직 집값이 더 내려갈 여력이 있다고 판단했다.

일가족의 극단적 선택, 부동산 투자자의 파산 등의 비극적인 뉴스가 연일 등장할 무렵, 4년의 전세가 만료될 시점이 임박하자 부부는 집을 사야 할 때라고 판단했다. 승태와 혜리가 팔았던 집은 6억 원으로 떨어져 있었다. 둘은 망설이지 않고 그 집을 다시 구매했다. 전세보증금 5억 원에 3억 원의 예금을 지녔던 덕에 무사히 위기를 피할 수 있었다. 그리고 다시 보금자리를 구했다. 부부는 알지 못했지만, 그것이 바로 리밸런싱이었다.

이제 둘에게 남은 건 2억 원의 예금과 집이었다. 통장 잔액에 찍힌 2억 원이라는 숫자가 참 크게 느껴졌다. 지난 세월 저 큰돈을 은행에 이자로 바쳐왔다고 생각하니 2억 원을 대하는 감회가 남달랐다.

세월은 14년이나 흘러 버렸는데 집 하나 두고 악전고투하다 보니 두 사람의 머리와 얼굴에는 어느덧 세월의 흔적이 잔뜩 새겨졌다. 중학생 큰아이와 초등학교 고학년인 작은 아이를 보고 있자니, 이 아이들도 우리와 같은 길을 걸어갈까 두려운 느낌도 들었다.

# 25장

### 강지름 이야기 - 때를 안다는 건

부동산에 대한 모든 환상이 사라져버렸다. 갭투자자의 자살 소식, 막차 태워 시집보내는데 당했다는 말들이 여기저기서 흘러나왔다. 지름은 운이 좋았다. 부동산의 '부'자도 모를 정도로 부동산과는 전혀 상관없었기에 위기도 겪지 않았다. 그저 평범한 회사원으로 살아갈 뿐이었다. 매일 반복되는 일상 속에서 가끔 하는 공상에 뿌듯해하며 말이다. 경제적 자유를 꿈꿔보고, 로또 1등도 당첨되어 보고, 전원생활도 그려보고, 세계여행도 꿈꾸지만 모두 현실감이 없었다.

지름은 오늘도 회사에서 신 부장의 눈치 보랴, 퇴근 시간을 기다리랴, 따분한 시간을 보내고 있었다. 부장의 부부싸움 횟수는 날로 늘어났다. 그런 옆에 앉아 있자니 여간 마음이 불편하지 않았다. 지름은 상사의 불화 원인을 잘 알았다. 자녀들도 잘 크고 집도 있고 싸울 일이 뭐 있겠냐 싶지만, 그놈의 돈이 원수인 것이다. 있으면 있는가 보다 넘기지만 없어지고 부족해지면 탈이 나는 것이 돈이다. 신 부장은 하락한 집값 때문에 이자 내기도 빠듯한 생활을 하고 있었다.

2년 전만 해도 그는 늘 싱글벙글이었다. 철철이 해외여행을 가고 기념품을 사다주면서 "강지름 씨도 나처럼 멋지게 살아봐야 하지 않겠어?" 하며 그렇잖아도 답답한 지름의 심사를 한껏 뒤집어놓았다. 누군들 그렇게 살고 싶지 않겠는가? 캥거루 생활도 갑갑하고 구해놓은 집도 없어 답답하기만 한데 옆에서 불난 집에 부채질하는 것이다. 대학 졸업하고 학자금 갚고 나니 직장생활 7년 차가 되었는데 여전히 집도 아내도 없다. 삶의 낙이라고는 저녁을 먹고 나서 즐기는 배드민턴이 전부였다. 동네 골목에서도 치는 배드민턴에 돈이 들겠나 싶었는데 본격적으로 배우려니 꽤 들어갔다. 레슨비 12만 원, 1달 치 셔틀콕 3통, 간혹 사는 신발, 의류, 월회비 등 한 달에 20만 원은 나갔다. 지름의 유일한 사치였다. 회사와 운동밖에 모르니 돈 쓸 시간도 없었다. 7년 만에 2억 원을 모았는데 그래도 결혼하기엔 부족하기만 했다.

'결혼은 집도 구하고 40살 되면 해야지. 5년만 더 참자.'

불과 2년 사이 신 부장의 미간에는 깊은 주름이 잡혔다. 그걸 지

커보는 지름은 의구심만 커졌다. '결혼하면 뭐해? 나도 저렇게 되는 거 아냐?' 신 부장은 답답한지 담배나 피우러 나가자고 했다. 그러고는 묻지도 않은 지난 이야기를 쏟아냈다.

"강지름 씨, 나 한때 정말 잘나갔던 거 알지? '갭투자 10채, 월급쟁이 부럽지 않다'라고 신문에 내 이름 석 자 나왔잖아."

"부장님 그때만 해도 만날 얼굴에 화색이 돌았는데 요즘은 좀 안 되어 보여요."

"말도 마. 기사가 나자마자 갭투자자들이 더 늘어났지. 나는 더 조급해졌어. 안 되겠다 싶어 전세가가 집값의 90%가 넘는 지역을 찾아다니기 시작했어. 다른 사람들은 어리석고 나만 똑똑하다고 착각했던 것 같아. '참나, 집 사면 되지 뭐 하러 전세 살아?' 근데 헛똑똑이는 나였어. 그들이 왜 집을 안 사고 높은 전세보증금을 내면서 있었을까. 지나고 보니까 그 사람들은 집값이 더는 안 오를 거라고, 그때가 정점이라고 느꼈던 거야. 나는 그것도 모르고 3채나 더해서 13채가 됐지 뭔가."

"그런데 돈이 얼마나 많으셨기에 집이 13채나 되셨나요? 한 13억 원 정도 되셨나요?"

"우리 같은 월급쟁이 주머니 사정이야 뻔하지 않겠나. 부인과 맞벌이로 실수령액 합계가 6,000만 원 정도였어. 그런데 어디로 돈이 새나가는지 일 년에 1,000만 원 겨우 모으는 거야."

"그런데 어떻게 그렇게 크게 투자할 수 있으셨어요?"

"종잣돈이 9,000만 원 정도 있었지. 한 채를 사는데 3,000만 원이면 되는 거야. 집은 썩 좋지는 않았지만, 전세가율이 90% 정도 되니까 3,000만 원이면 한 채 뚝딱 사지. 9,000만 원으로 3채를 사고 나니까 금방 부자가 된 것 같더군. 씀씀이는 커지고 1년에 1,000만 원 모으는 건 안중에도 없어졌지. 2년 정도 지나니 3억 원짜리 집값이 3억 5천만 원 되더군. 그때는 정말 세상 다 가진 것 같았어. 전세보증금을 3,000만 원씩 올려 받고 다시 그 돈으로 또 갭투자를 하니 금방 집 부자가 되어버렸지."

"지금도 집 부자시겠네요."

"아니. 그때 그만뒀어야 했어. 그러지 못하고 집을 13채나 늘려버린 게 가장 큰 패착이었지. 탐욕은 이성을 지배하는 힘이 있어. 집값이 내려가기 시작하는 거야. 집값이나 전세보증금이나 그게 그거인 상황까지 와버렸지. 거기까지 가버리니까 그 집이 다 내 집이 아니라는 걸 깨달았어. 남들보다 한발만 먼저 털었어도 괜찮았을 텐데 미련을 놓지 못했지. 결국은 지금 이 꼬락서니가 되어 한 채 남은 집 겨우 건사하고, 마누라와 날마다 아웅다웅이지 않나."

"정말 제 타이밍에 팔기만 하면 대박이네요."

"그 시기를 알기만 한다면 다시 도전해보고 싶은데 그러기에는 나는 이제 밑천이 바닥이라네."

"그래도 힘내세요. 부장님."

배드민턴을 치러간 지름은 주위 동료들에게 부동산에 대해 집요하게 묻기 시작했다. 운동 나온 사람들 모두 살만하고 여유 있는 사람들이어서 부동산에 대해 잘 알고 있었다. 지름은 자신만 모르고 산 거 같아 너무 늦은 게 아닌가 후회되었다.

부동산으로 재산을 일군 사람, 손해를 본 사람 다양했지만 모두 입 모아 하는 말은 "절대로 부동산 투자할 생각을 하지 말라"였다. 지금은 상황이 너무 나빠 손해 본 사람은 죽어라 말리고, 장부상 이익을 본 사람도 처분하지 못한 매물 때문에 골머리를 앓고 있기 때문이다. 정부에서는 규제라는 규제는 죄다 풀었지만 식어버린 부동산 열기를 되살리기에는 역부족이었다.

지름은 역발상 전략을 떠올렸다. 모두가 부동산투자를 기피할 때 시도하기로 했다. 그것 아니고는 일상의 굴레를 벗어날 방법이 없기 때문이다. 긴 빨랫줄에 빨래가 하나둘 올라가기 시작하면 빨랫줄은 점점 아래로 처진다. 지름의 신세가 딱 그랬다. 부모님의 노후, 지겨운 직장생활, 모이지 않는 돈, 여자친구 등 하나하나가 무거운 빨래 같았다. 축 처진 빨랫줄을 높여줄 바지랑대가 필요했다. 그것이 부동산 역발상 투자였다.

환상이 무너지면 거래가 없다고 했던가. 어떤 지역은 전세보증금이 집값을 넘는 경우도 있었다. 지름은 신 부장 같은 실수를 하지 말자고 거듭 다짐했다. 크게 3번 성공하면 무조건 돈을 거두고 자유로운 몸이 되기로 했다. 집으로 돌아온 지름은 예금 통장에 무수히 많은 0의 개수를 보면서 성공을 간절히 바랐다. 0이 하나라도 사라지면 큰일이라는 절박함도 묻어났다. 지름 삶의 바지랑대가 되어줄 소중한 종잣돈, 그 통장을 바라보며 돈을 모으기까지의 긴 지난 시간을 회상했다.

지름이 처음 산 집은 전세보증금이 집값보다 천만 원이나 쌌다. 집주인은 집을 팔면서 감사하다고 절을 할 판이었다. 두 번째 집도 세 번째도 집값이 전세보증금보다 쌌다. 전세보증금보다 일이천만 원 더 비싼 집도 사들였다. 그렇게 10번째 집을 사고 나니 통장 잔액이 0을 향하고 있었다. 그런데도 빚을 내서라도 더 사고 싶었다. 자신감과 탐욕이 지름을 지배하려 했다. 하지만 바로 옆 신 부장의 부부싸움 소리에 화들짝 놀라면서 이성을 차릴 수 있었다. '그래, 너무 욕심내지 말자!'

신 부장은 왜 그런 무모한 짓을 했냐며 지름을 힐난했다. 그렇게 알아듣게 말했는데 몹쓸 갭투기를 했다고 비난했다.

"부장님, 솔직히 저 갭투기 잘 몰라요. 다수의 대중과 반대로 하고픈 이상한 반골 기질 때문에 질러버렸지 뭐예요."

"이미 엎질러진 물이니 어쩔 수 없지. 집값이 내려가면 속깨나 쓰릴 거야."

"대출이 없어서 그래도 버틸 수는 있을 거 같아요."

"그래, 나처럼 되지는 않았으면 좋겠네."

신 부장의 부부싸움은 계절이 바뀌어도 한창이었지만 평소와는 좀 다른 양상이었다. 신 부장은 조금 더 참고 견뎠으면 다시 집값이 오르고 있는 지금 충분히 본전을 회복하고도 남았을 거라고 큰소리를 치는 분위기고, 수화기 너머에서는 다 죽어가는 사람 물에서 건져냈더니 보따리 내놓으라 한다며 악에 악을 쓰고 있었다.

지름은 '경제적으로 여유로운 가정은 큰 소리가 담장을 넘는 법이 없다'는 부모님 말씀이 떠올랐다. 최근 경제신문에서 본 '경제 상황이 안 좋아지면 이혼율이 높아지는 현상'이라는 칼럼 내용도 떠올랐다.

신 부장은 푸념했다.

"아, 조금만 더 견뎠으면 됐을 텐데…… 아니, 마누라 말이 옳았을지도 몰라. 그나마 한 채 가진 집마저 잃을 뻔했는데 그만하면 다행이지."

지름은 무슨 소린가 싶었다.

"부장님, 집값 올랐어요?"

"집을 10채나 가진 사람이 그것도 모르나?"

"네, 저는 부동산이 통 재미가 없어서요. 그냥 예금해놓은 셈 치고 갖고 있어요."

"강지름 씨는 좋겠어. 요즘 부동산 해빙기 느낌이 나는 것이 슬슬 거래도 늘고 호가도 1,000만 원 정도 오른 거 같더라고."

놀란 지름은 벌어진 입을 다물지 못했다. 불과 반년 사이에 1억 원을 벌었다니! 3~4년간 정말 돈 한 푼 제대로 쓰지 않아야 모을 수 있는 돈이었다. 지름은 자신에게 주문을 걸었다. '3번만 도전하고 끝내자 욕심이 화를 부른다.' 큰 도전 1번은 성공한 셈이다.

반면 힘이 더 빠져버린 신 부장은 부부싸움에 의욕도 없었다. 끝까지만 버텼어도 하는 미련을 끝내 떨치기 어려웠다. 앉으나 서나 누우나 늘 그 생각들뿐이었다. '조금만 기다렸으면 3억 원은 버는 건데.' 땅을 치고 후회했지만 이미 떠나버린 기차였다.

지름이 자신의 부를 빼앗아 간 것만 같아 별거 아닌 일에도 지름을 갈궈댔다. 멀쩡한 기안문의 사소한 오타를 잡아 트집을 잡아보기도 하고 한참 어린 게 싸가지 없이 말한다고 시비도 걸었지만 헛헛한 마음을 달랠 길이 없었다.

'다시 도전해 봐?' 마음을 다잡아 보지만 마이너스만 찍히는 통장 잔액에 이내 다짐을 접었다. 그저 '부동산을 보는 내 눈은 정확했어. 역시 부동산은 우상향이지. 다만 하늘이 내게 내린 기회가 시기와 안 맞았던 것뿐이야.' 쓴웃음을 지을 뿐이었다.

지름은 신 부장의 쓰린 마음을 알기나 하는지 날마다 흥이 났다. 부동산이 이렇게 좋은 것인지 몰랐다. 호가가 3,000만 원이나 오르면서 3억 원이나 번 기분이었다. 두 번째 큰 도전도 성공이라며 만족해했다. 신 부장의 갈굼 따위도 아름다운 멜로디로 들릴 정도였다.

'아파트값이 조금만 더 오르면 신 부장 확 들이받고 사표 던져?' 오기도 생겼다. 하지만 결혼을 앞두고 있으니 섣불리 직장을 포기할 수는 없었다.

집 한 칸 없을 때는 은근 지름을 괄시하던 여자친구가 언제부턴가 자꾸 결혼하자고 조르기 시작했다. 마흔이나 되어야 돈을 모아 결혼할 수 있지 않을까 생각했던 강지름은 호가일 뿐이지만 돈이란 것이 마치 자기 수중에 있는 듯해 이제 결혼해도 되겠다고 생각했다.

상견례를 마치고 결혼을 앞둔 시점이었다. 그 많던 예식장은 다어디로 사라졌는지 예전보다 많이 줄어서 다소 먼 곳으로 잡았다. 예나 지금이나 예식장 잡기는 쉽지 않은 것 같았다. 결혼하는 사람이 참 많은 것처럼 느껴졌지만 어느 정도 착시현상인 듯했다.

결혼을 앞두고 마지막으로 자산을 점검했다. 지름이 산 아파트의 호가가 무려 3억 6천만 원이었다. 조금만 더 기다리면 4억 원이 될 것 같았다. 지름은 부동산을 잘 모르지만, 하염없이 오를 것만 같은 착각에 빠졌다. 그러다 처음의 다짐을 떠올렸다. 왠지 3번의 도전은 여기서 멈추는 게 맞을 것 같았다. 집값이 1,000만 원 올랐을 때, 다시 3,000만 원 올랐을 때, 또다시 3,000만 원 올랐을 때가 3번의 도전이었다고 생각한 것이다.

막상 집을 팔려고 알아보니 '합산과세'라는 것이 있어서 수익의 절반 이상을 세금으로 내야 한다는 사실을 알았다. 세금이 무서워서 일 년에 한 채씩 처분하다 보면 신 부장의 전철을 밟을 것 같은 느낌이 들었다. 그 느낌이 들기가 무섭게 지름은 조퇴하고 부동산 중개소로 향했다. 3억 5천만 원에 10채를 모두 처분했다. 환상이 깨졌을 때는 거래가 없었는데 환상이 몽글몽글 피어나니 언제 그랬냐는 듯 거래가 봇물 터지듯 많이 일어나서 손쉽게 처분할 수 있었다. 지름은 5억 원짜리 신축 아파트를 산 이후 부동산에 대한 생각을 떨치고 삶 속으로 한걸음 더 성큼 들어갔다.

# 26장

## 김현상 이야기 - 진인사대천명

~~~~~~~~~~~~~~~~~~~~~~~~~~~~~~~~~~~~~~~~~~~~~~~~~~~~~~~~~~~~

김현상은 이제 막 50살이 되었고 하나 있는 아들은 20살이 되었다. 지나고 보니 아들이 하나라서 참 다행이라는 생각을 했다. 전세부터 시작했기에 부모에게 집을 물려받은 친구들을 보면 늘 박탈감을 느꼈다. 열심히 산다고 살아온 지난 세월이었다. 집 한 채 구매하는 데 걸린 시간이 무려 10년이었다. 그동안 정말 알뜰히 모으면서 살았다. 그 생활이 몸에 배어서인지 그의 삶 자체는 절약과 저축의 반복이었다.

전셋집을 면하고 처음으로 집을 샀을 때 얼마나 기뻤던지. 영원히 전세살이를 면하지 못할 것 같았다. 경제위기는 터지고 집값은 내려가고 울며 겨자 먹기로 전세 살던 집이 경매로 넘어가려는 걸 어쩔 수 없이 구매하면서 첫 집을 가질 수 있었던 것이다.

전셋집이 경매로 넘어간다는 이야기를 들었을 때의 막막함은 말로 표현하기가 어려웠다. 그동안 일궈온 모든 재산이 한순간에 넘어간다고 생각하니 잠이 오지 않았다. 얼마나 전전긍긍했던지 병이 날 정도였다. 워낙 집값이 떨어지던 때여서 비교적 무난한 가격에 살던 집을 낙찰받아서 살 수 있었지만, 그때의 일을 생각하면 식은땀이 흐르곤 했다. '나 같은 서러움을 내 자식은 겪지 않게 해야지.' 다짐에 다짐을 거듭했다.

물론 현상의 부모님도 전셋집을 구해줄 정도였기에 평균 이상은 자식에게 베풀어준 셈이다. 하지만 현상은 아들에게 전세가 아닌 자가를 마련해주고 싶으나 날마다 오르는 집값은 사그라질 기미를 보이지 않았다. 정권이 바뀌면서 오르기 시작한 집값은 또 다른 정권을 창출한 이후에는 하락 안정세를 보일 줄 알았다. 굳게 믿었기에 새로운 정당에 투표했다. 그들이 제시한 꿈은 장밋빛이었다. 너무 단꿈에 젖어 있었던 걸까. 집값은 오히려 더 폭등했다. 너무나 큰 좌절이었다.

10년 동안 저축한 돈으로는 자식에게 전세를 구해주기도 어려울 지경이었다. 1년에 2,000만 원을 저축하고 살았으니 적다면 적은 돈이지만 현상에게는 너무나 소중하고 큰돈이었다. 그 이상 더 모을 수도 없었다. '전셋집도 구해줄 수 없다'라는 생각에 뒤늦게 공포가 꿈틀거렸다. '지금 전세를 끼고 집을 사버려? 아니야 조금 더 기다려 봐야지. 이 정부를 믿어야지.'

정부 정책은 시간이 지날수록 주효했다. 하늘 높은 줄 모르고 오르던 집값은 서서히 잡히기 시작했다. 그래도 현상에게는 여전히 높게만 느껴졌다. 과거 자신이 집을 사던 시기가 떠올랐다. 그때도 그랬다. 집값이 하늘 높은 줄 모르고 오르다가 한순간에 고꾸라졌던 것이었다.

참자. 참자. 참자. '참을 인 세 번'이면 집을 안 사고 버틸 수 있었다. 수없이 되뇌어 보지만 투자카페를 방문하기만 하면 좌절이었다. 당장 집을 사야 할 것같이 충동질이었다. 10년 전에도 그랬다. 그때 집을 사지 않으면 영원히 낙오자가 될 것 같았다. 하지만 그런 그에게도 기회가 있었으니 또 다른 기회가 반복되지 않을까 하는 막연한 믿음만 있었다.

'퇴직할 때까지 일해서 2억 원을 더 모으면 4억 원이 되니까 자식에게 집을 한 채 사줄 수 있겠지? 아니야 오히려 5억 원, 10억 원 더 올라버리는 건 아닐까? 빚을 내서 지금 4억 원짜리 집을 사버리고 2억 원의 돈을 갚아나가면 되지 않을까?'

은행에 가서 대출 상담을 받았다. 대출은 가능하다는데 그것을 갚을 세월을 생각하니 갑갑하기만 했다. 내려가기라도 하면 내려간 집값도 집값이지만 이자는 줄지 않고 그대로 늘어날 것이기에 빚에 대한 거부감도 컸다. 결국 두 손 두 발 다 들었다. 자식에게 자산을 물려주는 것은 괜찮지만 빚을 물려주고 싶지는 않았다.

다시 일상으로 돌아온 현상은 집에 대한 고민으로 5년을 그렇게 살았다. 신기한 일이었다. 은행 잔액은 3억 원으로 불어났는데 4억 원을 하던 집값은 3억 원이 되었다. 자식에게 집 한 채 사주자고 아내와 상의를 마쳤다. 요즘 같은 시기에 누가 집을 사냐고 아내는 무던히도 말렸다. 현상은 아내에게 자신들이 집을 사던 시기를 생각하라고 했다. 그때도 지금과 흡사한 분위기였다. 그때 마련한 집이 지금의 보금자리임을 알았기에 부부는 다시금 도전해보기로 마음을 굳혔다.

현상은 썰렁한 부동산 중개소 안으로 들어갔다. 그리고 집을 샀다. 15년간 저축해서 모은 돈이 집 한 채로 교환되는 순간 환희보다는 씁쓸함이 컸다. 그 씁쓸함도 자식의 앞날을 생각하는 마음이 모두 녹여내고 있었다.

현상은 그저 앞만 보고 열심히 살아가는 사람이었다. 두 번의 레버리지 시기를 앞두고 집을 구매하는 행운을 누리게 되었으니 하늘은 스스로 돕는 자를 돕는다는 말은 그에게 딱 어울리는 것 같았다.

# 27장
## 이삼상의 아들 재웅 이야기 - 서로 다른 길

이삼상의 아들 재웅은 집 한 채를 증여 받았지만 세입자가 있어 들어가 살 수도 없고 손에 한 푼 쥔 것도 없었기에 독립의 꿈은 요원하기만 했다.

재웅은 대학졸업 후 6년 만에 비정규직 생활을 전전하던 진우와 영식을 만났다. 누군가에게는 대학 졸업이 지긋지긋한 공부를 마무리하는 축복의 순간이겠지만 두 친구에게는 남은 학자금 대출의 족쇄를 확인하는 순간이었다. 머리 좋은 친구들이었지만 새로운 일을 시작할 수 있는 기회조차 얻지 못했다.

그들은 한참이나 술을 마시며 대학 시절을 회상했다. 그때는 꿈도 컸다. 하지만 한 명은 백수요 두 명은 IT기업의 하청업체에서 하릴없이 시간을 보내며 덕질에 몰두할 뿐이었다. 그러나 허송세월만 한 건 아니었다. 게시판 덕후와 유튜브 폐인이 모였으니 단순히 술만 부어라 마셔라 하진 않았다. 재웅은 친구들에게 물었다. "야, 너희들 언제까지 밑바닥 인생 살 거냐?"

진우가 답했다. "너 같은 백수보다는 그래도 입에 풀칠은 스스로 할 수 있는 우리가 낫지."

재웅이 다시 물었다. "우리 새로운 일 한번  해보지 않을래?"

영식이 푸념하듯 말했다. "너 집구석만 있어서 세상 돌아가는 거 모르는 모양이구나. 이 세상은 말이야, 모든 게 다 레드오션이다 이 말씀이야. 우리 선배들이 하던 프로그래밍 일들도 인력이 넘쳐나서 지금은 예전에 비해서 단가가 얼마나 떨어졌다고. 일하는 보람은 차치하고 돈이라도 생겨야 할 텐데 이건 뭐 보람도 없고 돈도 안 되고 답답하기만 하지."

재웅이 의기양양하게 말했다.

"어이구 패배주의자들, 지난 6년이 너희를 그렇게 만들었구나. 비록 방구석에서 놀고먹는 백수였지만, 비좁은 내방은 블루오션이었다 이 말씀이야."

진우도 푸념했다.

"블루오션 같은 소리 하지를 마라. 나도 회사생활 때려치워 보려고 투잡에 쓰리잡에 부단히도 움직였는데 블루오션 같은 것 자체가 존재하지 않는 것 같다. 거대 재벌만 돈 버는 구조지 개인들은 얼마나 힘든데."

영식은 말했다.

"나 10년 전 알바하던 회사 기억하니? 택배 박스 포장하던 곳 말이야. 처음에는 단층건물 50평쯤 되는 단층 건물의 창고에서 매장을 운영했는데 지금은 얼마나 커졌는지 후덜덜해. 알바 끝나고 1년 후 우연히 그쪽으로 지나갈 일이 있었는데 옆에 있는 상가를 하나 더 사들여서 상가 2개에서 쉴 틈 없이 택배를 싸고 있더라고. 그런데 3년 후 가보니까 건물 5개에서 택배를 싸더라. 10년이 지난 지금 어떻게 되었는지 아니? 거기 골목길 100m나 되는 곳의 건물을 다 사들여서 택배를 싸서 내보내고 있어. 그때는 작은 업체들도 희망이나 있었지. 지금은 말이야 그런 거대 업체들이 너무 많고, 그들과의 경쟁에서 도저히 이길 수 없어. 그렇게 큰 업체들도 요즘은 쿠팡 같은 더 큰 기업들이 잠식해 들어가는 속도가 빨라져서 미래를 걱정하는 마당에 우리가 과연 뭘 할 수 있겠냐고."

진우가 말했다.

"맞아. 우리 삼촌이 도배 일을 했는데 요즘은 일거리가 없어서 집에서 놀고 계신다더라. 일거리를 누가 다 가로채가는지 경력 30년차 도배 고수가 쉬고 있으니 우리는 정말 어디 가서 노가다도 못할 거야."

재웅이 말했다.

"진우 너 말 잘했다. 도배 일거리 누가 다 챙겨가는지 아냐? 우연히 우리집에 온 젊은 도배사가 있었는데 경력도 미천해서 어디 가면 시다바리만 할 판인데 경력 많은 장인을 수하에 부리고 있더라고. 그래서 물어보니 자긴 어차피 이 바닥에서 1등을 할 수 없는 걸 알고 시작했댄다. 그래서 1등 도배사를 죽어라 따라 하자고 마음먹었대. 그가 경력 30년 차보다 나은 점은 인터넷을 자유자재로 사용할 수 있다는 점이야. 1등 업체 검색어를 입력해보니 그럴 때마다 나타나는 파워링크, 블로그, 게시판 등등 도배라는 말만 넣어도 그 업체 이름이 나오는 거야. 처음 몇 달 열심히 일해서 돈 벌었대. 그에게는 적은 돈이었지만 그래도 천만 원 정도 모였을 때 블로그도 만들고 광고도 본격적으로 시작했다더군. 물론 1등 업체처럼 하기 위해서 광고비로 인한 출혈은 감수할 각오로 그간 벌어놓은 돈을 모두 다 광고비로 털어 넣었데. 광고비가 바닥날 무렵 슬슬 입질이 오기 시작하더니 광고효과가 빛을 발하면서 30년 차 도배사를 부릴 수 있게 되었다는 거야. 우리도 1등은 될 수 없겠지만 1등을 따라 해보는 게 어떨까?"

진우가 말했다.

"1등 따라 할 만한 뭐 좋은 아이디어라도 있니?"

재웅이 대답은 하는 둥 마는 둥 다시 물었다.

"그건 조금 있다 이야기할게. 그건 그렇고 진우 너 요즘 뭐 하고 지내니?"

"뭐 결혼도 못하고 회사 집만 무한 뺑뺑이지. 그나마 퇴근하고 즐기는 유튜브가 유일한 낙이야."

재웅이 영식에게도 물었다.

"영식이 넌 뭐 하고 지내니?"

"나야 게시판 죽돌이지. 디씨인사이드 폐인 생활 아직 하는 거 몰라?"

"둘 다 징하다 징해. 덕질 10년이면 뭔가 보이지 않던? 너희가 하는 그 덕질 속에서 나는 블루오션을 찾았다 이 말씀이야."

"재미있는 것만 많이 보이지 블루오션은 안 보이던데? 하하!"

영식과 진우는 웃었지만 재웅은 씁쓸하기만 했다. 이 둘과 과연 뭔가를 할 수 있을지 의구심이 솟았다.

"숙제 내준다. 잘 들어. 너희가 덕질하는 곳의 수익 구조 알아오기."

곤드레만드레 취한 셋은 각자의 집으로 향했다.

재웅은 집으로 향하는 걸음을 내디딜 때마다 오히려 정신이 또렷해져 왔다. 뭔가를 해야겠다고 느꼈다. 집으로 돌아온 재웅은 부모님의 대화를 엿들었고 무려 거금 2억 원의 돈을 타냈다.

삼상의 아들 재웅은 집에서 딩굴거리는 캥거루족이었지만 주머니 속을 박차고 나왔다. 한번 나온 주머니 속으로 다시 들어가지 못한다는 캥거루가 된 것이다. 이제 남은 것은 두 친구를 설득하고 자신의 사업 구상을 설명하는 것이었다. 카톡 대화방을 열고 영식과 진우를 초대했다.

"수익 구조 잘 분석해봤냐?"

진우는 말했다.

"유튜브 수익 구조야 너희도 잘 알겠지만, 광고를 통한 수익이지. 아마 유튜브가 반은 먹을걸. 그리고 나머지 반은 영상 제작자에게 나눠주는 구조잖아."

영식도 말했다.

"디씨는 잘 모르겠는데. 아무리 영상으로 대세가 넘어간다지만 폐인은 여전히 아주 많은 것 같아. 영상으로 다 표현하지 못하는 뭔가가 게시글에 있단 말이야."

"그 둘을 합치면 어떨까?"

두 명의 메시지가 동시에 날아들었다.

"합친다고?"

"영식아 너 디씨인사이드에 글 몇 개나 올렸니?"

"나 하루에 글 한 열 개는 올리는 것 같은데."

"그러면 수익은 얼마나 발생하니?"

"내가 좋아서 하는 일에 수익은 무슨 수익. 하하."

"그러면 조회 수는 얼마나 되니?"

"워낙에 덕후들이 많아서 건당 1만 회는 될 걸."

"유튜브 폐인 진우야, 동영상 1회 재생되면 광고 수익 얼마나 나오니?"

"유튜버마다 다르겠지만 건당 1원 정도 생각하면 될 거야."

"영식아 너 하루에 올리는 글의 가치가 10만 원은 되겠다."

"헐, 대박. 나 그러면 지금까지 몇억 원을 벌었겠는데."

"등신아, 그러니까 지금까지 너는 자원봉사한 거라고!"

"나 같은 애들이 얼마나 많은데, 그러면 그 많은 애들이 다 자원봉사자라고?"

"이제 슬슬 이 형님의 아이디어가 뭔지 감이 오냐?"

게시판과 유튜브 광고 수익 창출 기능을 결합하는 것이 바로 재웅의 아이디어였다.

"부자가 되려면 돈을 잘 벌고, 잘 아끼고, 잘 불려야 해. 이 중에서 아끼는 것은 기술의 문제야. 아껴 쓰는 기술, 아껴 쓰기 위해 통장을 잘 관리하는 기술, 아낀 돈을 저축해서 잘 모으는 기술이 필요해. 반면 잘 벌고 잘 불리기 위해서는 경제의 변화, 부의 흐름을 통찰해야 하는 거야. 물론 기술도 필요하지. 그러나 통찰이 먼저이고, 통찰을 실제 돈으로 바꾸는 기술은 그 다음이야."(최윤식의 『부자의 시간』 중에서)

재웅이 꿈꾸는 아이디어는 부의 흐름에 대한 통찰에서 나온 것이다.

셋은 그날 오후 동네의 조그마한 카페에 모여서 아이디어 회의에 들어갔다. 우선 덕후들이 모이기 좋아하는 게시판 구조를 짰다. 대다수의 사람이 스마트폰을 사용하는 환경이었기에 앱을 만들고 웹페이지도 소홀할 수 없어서 둘을 병행하기로 했다. 회사 이름을 정하기는 생각보다 쉽지 않았다. 한번 들으면 잊지 않을 만큼 신선한 회사명이 필요했다.

게시판을 뜻하는 메시지보드라는 이름으로 정했다. 회사명으로는 길어서 간결한 회사명이 필요했기에 메시지의 앞글자인 M을 따와서 'M보드'라는 이름으로 확정했다. 회사 이름이 정해지자 일을 반쯤 마친 느낌이었다.

하지만 초반 두 친구는 퇴근 후 업무에 동참했기에 일의 진척이 더뎠다. 재웅이 가져온 2억 원은 사무용 오피스텔을 빌리는 데 들어간 돈을 제외하고는 인건비로 지출되는 돈이 없었기에 거의 원상태를 유지했다. 친구들도 회사생활을 하면서 극도로 아껴서 재투자로 활용하기로 했다. 긴 시간이었다. 1년 만에 모든 시스템을 구축했다. 불확실성이 있었기에 둘은 회사를 그만두진 않았다.

대대적으로 광고를 했다. '글 쓰고 돈 벌기'라는 모토 하에 유튜브 영상 시작 부분에 광고를 실었다. 광고비 지출이 만만치 않았다. 광고비로 종잣돈이 절반으로 떨어지던 무렵 슬슬 회원 수가 늘기 시작했고 하루에 포스팅되는 글 수도 늘어났다.

다음카페, 네이버 카페, 디씨인사이드 회원들이 수군거렸다. '그동안 내가 글 쓰면 카페지기나 돈 벌었지 그동안 카페지기들이 자신에게 뭐 해준 게 있냐?' 사람들은 기존 카페에 쓴 글들을 옮겨오다가 어느 새부터는 기존 카페를 가지 않고 'M보드'에 글을 남겼다. 광고주들은 카페에 광고를 싣는 것보다 M보드에 광고를 싣는 것이 더 효과가 좋다고 판단하기에 이르렀다. 영상을 보려면, 유튜브로 글을 보려면 'M보드'라는 말이 생겨날 정도였다. 광고 수익이 발생하기 시작하자 셋은 열광했다.

정작 열광하다 못해 발광하는 사람들은 따로 있었으니 그동안 자원봉사해온 다음 카페, 네이버 카페, 디씨인사이드의 회원들이었다. 그들은 이제 일개 카페회원이 아니었다. M보더라 불리는 어엿한 창작자가 되었다. 정보의 생산과 분배는 더욱 빨라졌다. 자신들의 정보를 나누는 데 더욱더 열중했다.

둘도 회사를 그만두고 'M보드'에 더욱더 열중했다. 재웅의 생각은 통했고 셋은 어엿한 기업가가 되었다. 올해의 최고 앱 부분에 영예의 1위를 차지하기도 했다. S사 모바일 사업부에서 연락이 왔다. 좋은 조건에 회사를 인수하고 싶다는 의사를 전해오면서 만날 날짜를 잡자고 했다. 세 명의 친구는 앱 결함을 해결하느라 분주했기에 도저히 약속을 지킬 수 없었다. 날짜를 좀 미루자고 전화하자, 부회장과 미팅 자리까지 마련해두었는데 건방지다느니 배은망덕하더니 하며 꾸짖더니 다시는 연락하지 않았다. 셋은 아쉬웠지만 끝내 연락은 다시 오지 않았다.

대신 S사에서 유사 앱을 만든다는 흉흉한 소문이 돌았다. 개발과 업그레이드에 박차를 가하느라 정신이 없었던 'M보드'는 S사를 견제할 여력이 없었다. 끝내 그들도 여타의 다른 중소기업처럼 S사의 먹잇감이 되고 마는 것일까…….

S사는 휴대전화에 유사한 앱을 깐 채로 제품을 출시했다. 'M보드'

에게는 절망적인 상황이었다. 하지만 절망 가운데 희망이 싹텄다. 수많은 M보더들이 신의를 지켜주었다. 조금은 부족한 시스템이지만 많은 구독자 수를 거느린 M보더들은 움직이지 않았다. 더 나은 조건으로 S사로 오라는 제안을 거절했다. 일부의 이탈은 있었지만, 대다수의 밀리언 M보더들은 끝내 M보더의 타이틀을 버리지 않았다.

S사는 끝내 강소기업 'M보드'를 이길 수 없었다. 과거의 말을 사과하며 인수를 제안했지만 셋은 일언지하에 거절하고는 G사와의 협상에 들어갔다. 이미 그들의 무대는 국내가 아닌 세계였기 때문이다. G사는 주식 지분 전체를 넘기는 조건으로 5,000억 원의 인수금액을 제안했다. G사가 유튜브를 인수할 때의 금액에 비하면 터무니없는 금액이었지만. 한국의 강소기업이 G사의 자회사가 되는 경이적인 기록이었다. 그러나 셋은 거절하고 다시 제안했다. 회사의 지분 절반을 1,000억 원에 매도하고 나머지 절반은 자신들이 가지겠다고.

G사로서도 나쁘지 않은 제안이었다. 재웅, 진우, 영식이 양해각서에 서명하고 활짝 웃는 사진이 신문의 일면을 장식했다. 머지않아 유니콘 기업이 될 것이라는 미사여구도 빠지지 않았다. 수년의 시간이 흐른 후 그들이 가진 M보드 지분은 처음 G사가 인수를 제안했던 인수금액 5,000억 원을 훨씬 뛰어넘어 있었다.

재웅은 부모 세대와는 다른 방식으로 부를 축적했다. 하지만 그것을 이해하지 못하는 세대와 더불어 살아가고 있었다. 시기와 질투만 존재할 뿐 재웅이 지나왔던 긴 어둠의 터널을 이해하는 이들은 많지 않았다.

'M보드'는 비정규직이 없는 회사다. 긴 어둠의 터널을 지나왔기에 'M보드'는 희망을 품은 젊은이들에게 한 줄기 빛과 같은 회사가 되기를 바란다.

# 28장

## 최금영 이야기 - 돌고 돌아 부동산

~~~~~~~~~~~~~~~~~~~~~~~~~~~~~~~~~~~~~~~~~~~~~~~~~~~~~~~

　최금영은 증권가에 몸담은 지 20년이 되는 동안 수많은 풍파를 온 몸으로 겪어왔다. 주변 지인들이 주식에 대해 물으면 금영은 해줄 말이 많았다. 세계 경제의 흐름, 자본의 흐름, 주식의 흥망성쇠에 대해 누구보다 많이 알았다. 하지만 유망한 투자 종목을 물으면 금영은 언제나 주춤했다. 20년간 몸담아온 금영은 성공의 긴 역사와 실패의 짧은 역사를 동시에 겪어왔다. 오랜 기간 돈을 벌었다. 자본금은 점점 늘어나고 늘 더 크게 베팅했다. 그럴 때마다 경제위기가 다가오면서 금영의 자산은 쪼그라들기 일쑤였다. 적은 돈을 굴려 큰돈을 만드는 데는 긴 시간이 걸렸지만, 큰돈이 쪼그라드는 데는 아주 짧은 시간이면 족했다.

언제부턴가 주식에 대한 자신감을 잃었다. 누군가 금영에게 묻는 다면 "주식은 말이야, 5%의 사람만 성공하고 나머지 95%는 실패하는 게임이야. 중독성으로 치자면 마약, 도박 다음으로 주식을 넣으면 될 거야. 섣불리 발 담그기보다는 차라리 지수 연동 ETF나 투자해"라고 말할 정도였다.

물론 주변에 주식으로 성공한 소수의 사람이 있었다. 그들은 일을 하지 않았다. 자본이 자본을 창출하는 아름다운 구조 속에 몸담아서 배당이나 받으며 인생을 즐기고 사는 이들이었다. 그런 사람들도 처절하게 승부를 걸던 시절이 있었다. 하지만 피 말리는 승부에 삶은 피폐해지기 일쑤였기에 그들도 몇 번의 승부 끝에 안전한 투자 쪽으로 옮겨갔다. 금영은 그들이 부러웠다.

그나마 주식보다 단순해 보이는 부동산으로 옮겨간 것이 금영이 자산을 유지하며 사는 방법이었다. 집마저 없었다면 정말 암울했을 것이다. 동료 중에는 성공한 소수의 사람도 있지만, 대다수는 실패의 쓴맛을 보고 가지고 있던 집도 넘겨야 하는 처지에 몰려 전세 월세를 전전하기도 했다. 그래서인지 금영은 주식보다 쉬워 보이는 주택에 매력을 느꼈다. 시중에 풀린 통화량, 금리, 수요와 공급 등 단순하게 몇 가지만 바라봤다. 몇 번의 모의 투자도 백전백승이었다.

금영은 위기의 순간이 왔음을 종합주가지수 차트를 통해서 직감했다. 돈줄이 막혀버린 것이다. 신용, 미수로 믿었던 종목에 올인했다가 졸지에 알거지가 될 뻔 했지만, 얼마간의 반등으로 기사회생했던 경험도 있었기에 집값이 폭포수처럼 떨어지는 순간을 끝내 인내했다. 그러고는 반등의 시간도 봤다. 하지만 그것이 진짜가 아닌 일시적임도 알았다. 금영은 더 인내했다.

　때가 왔음을 직감하고는 가용한 모든 돈을 끌어들여 집을 한 채 더 구매했다. 못내 아쉬웠다. 주식처럼 분할 매수를 할 수만 있었다면 조금씩 나눠서 사는 건데. 한 번에 목돈이 들어가고 1년이란 시간을 기다리기가 쉽지만은 않았다. 그러고는 기다림의 시간이 1년 정도 지났을까. 놀랍도록 반전이 일어났다. 인내의 시간은 힘들었지만, 그 열매는 참으로 달았다. 한 번의 승부를 위해 부단히도 준비하고 기다린 결과물이었다.

# 29장

오연상 이야기 - 일희일비하지 않기

〰〰〰〰〰〰〰〰〰〰〰〰〰〰〰〰〰〰〰〰〰〰

연상은 신소재공학을 전공했다. 미래는 전기차가 유망할 것이라 생각하여 전기차의 핵심부품인 콘덴서를 만드는 데 공헌하고 싶었다. 서울에 있는 대기업에 취직하고 싶었지만, 우연히 용인 집 가까이 있는 삼아콘덴서에 원서를 냈다가 덜컥 취직하게 되었다.

연구원 생활은 고되었지만 미래를 만들어 간다는 자부심은 누구보다 앞섰다. 회사의 성장 가능성을 누구보다 많이 믿었다. 줄곧 자사의 주식을 사면서 행복한 미래를 그렸다. 6,000원 무렵에 처음 주식을 샀을 땐 금방 부자가 될 줄 알았다. 주가가 4,000원까지 떨어졌다고 동료가 말했을 때 일시적으로 동요했지만 일이 너무 바빠서 주가를 신경 쓸 겨를도 없었다.

주가가 15,000원까지 올랐다고 했다. 매입 평균단가가 6,000원 수준으로 1억 원을 투자해놓은 상태라서 2억 5천만 원으로 자산이 불어나 있었다. 주위에서는 많이 올랐으니 팔라고 했지만 연상은 조급해하지 않았다.

시간이 몇 년 흘렀고 연상은 일에 열중하며 지내왔다. 갑자기 전기차 MLCC 열풍이 불기 시작한 것이다. 결혼을 앞둔 시점이라 주식을 처분하려 알아보니 주가가 100,000원이 되었다. 연상은 너무나 올라버린 주가에 놀라서 그다음 날 매도하는데 가격이 96,000원이었다. 정확히 16배를 번 것이다.

연상과 함께 입사한 동료들은 주가가 30,000원이 되기도 전에 이미 다 처분하면서 3배의 수익에 열광했으니, 연상의 수익률은 신의 경지에 가까운 것이었다. 이후 연상의 수익에 배 아파하던 동료들이 80,000원에 주식을 샀다가 50,000원으로 내려가는 바람에 큰 손실을 보았다는 소식도 들었다.

위기는 기회라고 했던가. 집을 사려는 사람은 없었지만, 연상에게는 신혼을 위한 집이 필요했다. 강남에서 일하는 여자친구를 위해 강남에 집을 구매하기로 결심했다. 부동산 중개소 소장은 운이 좋아서 싼 가격에 사게 된 거라며 부추겼다. 돈을 잃은 동료들의 모습을 떠올리며 연상은 전 재산에 해당하는 돈으로 집을 2채 샀다. 무려

18억 원이 들었다.

　매도인 최고봉, 매수인 오연상. 계약서 도장을 찍고 그리 시간이 오래 지나지 않아서 집값은 반등하기 시작했다. 시장은 드디어 금리 상승기가 끝나고 하락기에 접어들며 다시 신흥국 경제가 온기를 띄고 있다고 연일 떠들었다. 오랜 시간 입주민들의 골머리를 아프게 하던 은마아파트도 재건축이 진행된다고 플래카드가 나붙었다. 관리처분계획인가*에 이어서 다음 달이면 이주가 시작된다고 했다.

---

**알고 가자** **관리처분계획인가**

재개발 및 재건축 등의 정비사업 시행 후 분양되는 대지 또는 건축시설 등에 대하여 합리적이고 균형 있는 권리의 배분에 관한 사항을 정하는 계획. 재개발 및 재건축의 절차 중 마지막 단계라고 보면 된다. 이후 이주 및 철거 일반분양, 착공 순으로 진행된다.

---

# 30장

## GUILT 이야기 – 어긋난 계획

~~~~~~~~~~~~~~~~~~~~~~~~~~~~~~~~~~~~~~~~~~~~~~~

저는 GUILT에요. 리밸런싱 기간에 집을 처분하고 월세를 살고 있었어요. 종잣돈을 가지고 있으니 손이 근질근질해서 주식에 손을 댔는데 패권전쟁 와중에 주가가 곤두박질쳐서 큰 손해를 입게 되었어요. 얼마 지나지 않아 긴 어둠의 터널이 끝나고, 자고 일어나면 집값이 반등한다는 뉴스가 나왔어요. 건설 경기가 기지개를 켠다는 뉴스가 나왔고, 부동산 규제를 마구마구 푼다는 뉴스가 나왔어요. 글로벌 교역량이 회복기에 접어들었다고도 했어요. 기나긴 조정기를 이겨내고 상승의 노래가 울려 퍼질 무렵 저의 자산은 반으로 쪼그라들어 있었어요.

과거 집값 하락을 근거로 부동산투자 카페에서 하락 이야기를 널리 전파했어요. 상승이들은 기나긴 하락기 탓인지 잔뜩 움츠려 있었어요. 최고가 5억 원을 기록한 아파트가 4억 원으로 떨어졌다가 이제 겨우 4억 1천만 원이 되는 정도였거든요. 영원히 매수자가 나타나지 않을 것 같았던 아파트에도 매수자가 나타나기 시작했어요. 아파트 거래량이 전년 동월 대비 50%나 증가했지만, 사람들은 체감하지 못했어요. 다음 달이 되자 전년 동월 대비 70% 거래량을 기록하더니 불과 몇 달이 지나지 않아 암흑기 대비 2배의 거래량이 발생한 거예요.

저는 다시 오르는 집값에 집을 사지 못할까 두려웠어요. 조정기 때 등장한 Innocence의 글을 그대로 따라 하면서 하락을 주야장천 부르짖었어요. 제 말 한마디 한마디가 틀린 말이 없어 보일 정도로 완벽했죠. 가구 수 대비 집이 많다느니, 소득수준 대비 집값이 비싸다느니, 집을 살 수 있는 수요자가 없다느니 하는 내용의 글을 날마다 올렸어요. 저에게 동조하는 사람들도 참 많았어요.

저는 힘을 내어 더욱 열심히 부르짖었어요. 거의 신적인 존재가 되어서 많은 팬을 이끌고 다녔죠. 제 글은 항상 추천 수 최고를 찍고 오늘의 인기 글에 연재되었어요. 저보다 글재주가 뛰어난 사람도 여럿 있었는데 언제부터인가 종적을 감추었더군요. 하락이는 집을 사서 활동을 그만뒀다느니, 상승이는 집을 팔고 도망갔다느니, 말들만 무성했어요.

　정부가 미치기라도 한 건지 규제를 더 풀어버리네요. 성장률을 끌어올리기 위해서 고삐를 조였던 대출을 조금씩 풀어주고 정책적으로 집을 살 수 있도록 배려해요. 한때 선진국 평균인 자가보유율 60%를 기록하다가 혼란기를 거치며 집을 잃는 사람이 늘어나 자가보유율이 55%대로 주저앉았기 때문에 정부 정책을 비판하는 사람은 많지 않았어요. 경기가 주저앉자 모든 국민이 피해자가 되는 듯했기 때문인가 봐요.

　정책에 힘입어 부동산은 상승의 나래를 펼 준비를 하고 있어요. '체제가 시장을 만든다'는 말이 기억나요. 과거 정부에서 살 집 한 채 남겨두고 처분하라는 메시지를 남긴 이후 불어 닥친 냉기, 현 정부에서의 온기. 체제가 바뀌면서 더 큰 장이 서려나 봐요.

　그 어떤 정책에도 저는 관심이 없어요. 하염없이 오르는 집값을 바라보며 앵무새처럼 과거의 말들을 되풀이할 뿐이에요. 과연 제게도 그런 기회가 올까요?

# 31장

## 송설인 이야기 - 눈사람은 녹는다

~~~~~~~~~~~~~~~~~~~~~~~~~~~~~~~~~~~~~~~~~~~

송설인은 애들 손을 붙잡고 동요를 부르며 고등어를 사러 갔다.

"눈을 굴려서 눈을 굴려서 눈사람을 만들자~"

"아지매 고등어 한 손 얼맨교?"

"만 원입니더."

"이 아지매가 뭐라카노 지금! 지난주에 오천 원이던 게 와 만 원인교?"

"머라카노! 아파트는 비싸다카면 서로 살라고 난리면서, 와 고등어는 살라카이 아깝나? 사지 말고 가이소!"

실랑이가 오갔다. 손에 들었던 고등어를 내려놓고 나오면서 설인은 지난번 달걀 파동 때, 누가 달걀 사재기를 해서 가격이 올랐다는 뉴스를 떠올렸다. '소비자는 을이 될 수밖에 없구나!' 한탄했다.

다시 아파트를 떠올렸다. '인건비도 오르고 자재비도 오르고 모든 게 다 오르는데 아파트값이라고 뭐 달리 생각할 필요가 뭐가 있겠는가? 하지만 의심해보고 따져보고 사는 게 소비자의 권리 아니겠는가.' 때마침 안소니홈킴스님이 부동산투자 카페에 쓴 글을 떠올리며 할 일도 없는 김에 생각의 나래를 펼쳐봤다.

요즘 집값 겁나게 뛰네요.
저도 부동산 실장 출신인데 뛰는 집값의 대부분은 부동산과 전문 꾼들이 이뤄 놓은 합작품에, 더 오르면 집 못살까 하는 쪼름쟁이 새가슴 서민들이 미끼 물듯 걸려들어 실거래가 만들어주니, 집값 폭등이 되풀이되는 악어와 악어새 같은 공생관계에서 시작된 거예요.
거기다가 양치기 끝판 대장 격인 대기업, 중견기업 건설사들이 묻지 마 분양가로 노다지 왕마진 분양을 해버리니 집값이 도저히 떨어질래야 떨어질 수가 없어요.
제 주위 부동산 중개소 소장들 중 집 2~3채 안 가지고 있는 분은 본 적이 없네요.
고로 집값 절대 안 떨어져요.
사고, 팔고 하는 중개업자 및 양치기 건설사들이 중간에서 장난질하는데 집값이 내리는 게 비정상이지요. 일반인들은 아무리 날고 기어 봤자 올라가는 집값 못 잡아요.
무주택자들은 서서 뒤통수 맞지 말고 어지간히 싸다 싶을 때 내 집 장만 하나들 하세요.
그렇지 않으면 앞으로 절대 집 못 사요.
집값 떨어지는 거보다 하락 외치는 분들 무덤 가는 시간이 빠르지 싶네요.

출처: 대구텐인텐 안소니홈킴스님 글

"어이 김 부장, 이번에 우리 로얄아파트 분양하는데 잘돼 가나?"

"네 회장님, 이번 재개발 사업은 정말이지 대박입니다. 그런데 문제가 하나 생겼습니다. 한세대당 7억 원 정도 받으면 엄청난 수익일 텐데 부동산이 냉각기라 좀처럼 주변 시세에 붐이 생기지를 않아서 걱정입니다. 이번 1,000세대만 분양하면 정말 좋을 텐데 말입니다."

"그 근처에 아파트 시세가 우예 되는데?"

"4억 5천만 원 정도 하는 것 같습니다."

"옆집 4억 5천만 원을 하는데 이 집 5억 원에 팔아가 남는 게 있겠나? 카믄 걱정하지 마라. 내가 손 좀 써보께~"

며칠 후 부동산투자 카페에서는 난리가 났다. 너도나도 실거래가를 인증하며 로얄아파트 인근의 집값이 뛰어오르기 시작했다. 출처를 알 수 없는 로얄아파트 인근 고등학교의 SKY 입학자 수 명단이 떠돌기도 했다.

빙하기가 엊그제인데 간빙기가 금방 찾아온 것이었다. 5억 원에 거래되었다는 둥, 6억 원에 거래되었다는 둥, 7억 원에 거래되었다는 둥. 7억 원인데 양도소득세를 대신 내주기로 했다는 등의 소문이 퍼져나가기 시작했다.

머리가 움직이니 꼬리까지 덩달아 움직이기 시작했다. 하지만 꾼들은 머리에만 관심이 있지 꼬리에는 관심이 없었다. 꼬리야 오르던지 말던지……. 그래서 서민 대다수는 집값 상승을 경험하지 못했다. 그랬거나 말거나 수도권의 로얄아파트 인근은 상승기였다.

"회장님 덕분에 분양은 대박 성공입니다. 주변 시세가 4억 5천만 원이라서 5억 원 정도에 분양을 예상했는데 무려 한 가구당 2억 원의 차익으로 1,000채이니 총 2,000여 억의 차익을 남길 수 있게 되었습니다."

"김 부장, 장사 한두 번 하나. 전문 꾼들 몇 명 풀어 놓으면 부동산 업자들이고 욕심 있는 사람들이고 마카 다 달라붙는다 아이가! 핵심은 쪼름쟁이 서민들이 끝물도 모르고 잡아주니 얼매나 고맙노? 그나저나 이번 학세권 작전 성공했으니 다음 작전 어데고?"

"네! 정부 정책이 원도심(원도심이란 신도심과 대조되는 용어로 예전에 부흥했던 도심이라는 뜻) 재개발이라고 하는데요. 거기 한번 도전해보려고 합니다."

"그래, 원도심 재개발이라. 이름 거창하고 좋네. 이번에는 말 안 해도 김 부장이 알아서 하그라. 사람 마음속에는 처음에는 조그만 의심의 눈덩이가 있는 기라! 의심은 한번 하기 시작하면 점점 그 덩어리가 커져서 애비 에미도 못 믿는 기라. 믿음이라 카는 거는 아주 단순하다 아이가. 처음에는 반신반의하지만 한번 성공의 경험은 믿음에서 신뢰로, 신뢰에서 확신으로 확신에서 맹신으로 가는 기라. 그때가 되면 의심은 무의식 속으로 꼭꼭 숨어버리는 거데이. 물체의 관성보다 더한 것이 생각의 관성인기라. 명심하그라."

"아버지, 부르셨어요?"

"어허, 회사에서는 회장님이라 부르라 안카드나?"

"네, 아버지, 아 아니 회장님!"

"이번에 한 껀 해가 대박 벌어 놨으니까, 니는 S사 분할 한다카이. 그거 한 2,000억 원 치만 사나 봐라"

로얄아파트 인근 부동산 중개소들은 신이 났다. 부동산 거래가 냉각기를 거치고 중개사 수가 10만 명을 헤아린다는 뉴스에다. 거래 물건 하나를 두고 이웃 중개사들 사이에 칼부림이 났다는 뉴스가 나온 판이었는데, 다행히 소리소문 없이 호황이 찾아왔으니 말이다. 그들은 속으로 웃었다. '이번 상승은 얼마나 가려나. 이때 한밑천 단단히 잡아야지.'

아파트 상가 1층은 생활을 위한 물품을 사는 공간에서 부동산이 차지한 지 오래였다. 가겟세 내기도 벅찬 시점에 찾아온 호황, 시가보다 높은 호가에 물건을 팔아주겠다고 전화하니 집주인들과의 관계도 더욱 돈독해졌다. 모든 일이 순조롭고 번창할 것 같았다. 처음 몇 건의 거래가 성사되고 대세 분위기가 고정되나 싶었다.

"고등어 사오라카이 만다꼬 인자 오노?"
"글세, 고등어 가격이 너무 비싸가꼬⋯⋯."
"고등어를 살 줄 아나, 번듯한 집을 살 줄 아나!" 아내의 바가지가 시작되었다.

한쪽 귀로 듣고 한쪽 귀로 흘리려고 했지만, 마음이 편치 않았다. 문득 이런 생각이 들었다. '나도 눈덩이 한번 굴려 볼까?'

부동산 중개소에 들러서 가격을 물어봤다.

"지금 호가가 7억 원인데 내가 말 잘해서 6억 8천만 원까지 맞춰 줄게."

신이 났다. 고등어 가격은 못 깎았지만, 집값은 깎았다. 집주인이 와서 계약서에 도장을 찍으려고 하는데 집주인의 마음이 변했다. 7억 원 이하로는 한 푼도 못 깎아 주겠다고 했다. 지난번 아내의 바가지 긁는 소리가 아직도 귓가에 맴돌았다. 설인은 씁쓸하게 도장을 찍었다. 부동산 중개소를 나오니 밖은 청약 열풍으로 긴 줄이 이어져 있었다.

'저거 당첨만 되면 9억 원~10억 원 간대~.'

씁쓸하게 도장 찍던 기억은 이미 사라져 버렸다. 이미 내 마음속의 나의 집값은 10억 원이니까…….


"아버지 S사 주가 10%나 떨어졌는데요."

"걱정하지 말그라. S사 망하면 우리나라 망한다."

"중국 반도체 굴기도 있고……. 그카고 10%지만 200억 원인데요"

"그거 아무것도 아이다. 한 껀만 하면 다 되는 기라. 그라고 김 부장 불러서 꾼들 다 철수시키라 해라."


설인은 게시판에서 본 안소니홈킴스님 글이 옳다고 생각했다. 집값이 내려가는 게 비정상이었다. 부동산 가격의 정점에는 설인도 또 부동산 중개소 소장님도 2~3채의 집값을 가지고 있을 테니까. 이 눈 굴리기의 끝은 과연 어디일까? 젊은이들은 눈덩이가 커져서 이제 눈사태를 맞이할 형국에 처해 있었다. 하지만 설인은 상관없었다. 설인도 이제 거대한 눈 무더기의 일부가 되었으니까.

뉴스에는 연일 분양 성공, 분양 열풍, 로또 분양으로 긴 사람들의 행렬이 등장했다. 중소형 건설사까지 재개발 시장에 뛰어든 것이다. 밥을 먹지 않아도 배가 불렀다.

부동산투자 카페 게시판에 학세권, 원도심, 역세권에 대한 띄우기 글에 반대 의견을 제시하던 안티 Innocence가 눈에 거슬렸는데, 서서 뒤통수 맞지 말고 어지간히 싸다 싶을 때 집 장만 하나 하라고 충고하고 싶었다. '지금이라도 사지 않으면 앞으로 절대 집 못 산다', '집값 내려가는 것보다 하락 외치는 분들 무덤가는 시간이 빠르지 싶다'라고…….

분양은 빅히트를 쳤고 집값은 무한히 상승할 것 같았다. 그런데 분양이 끝난 후…… 분위기가 이상했다. 부동산 거래가 뜸했다. 4월 5월 6월 부동산 실거래가를 뒤져봐도 거래 건수가 현저히 줄어들었다.

건설사는, 전문 꾼들은, 공인중개사는, 쪼름쟁이인 설인은, 스스로에게 물었다. '나는 지금 어디에 있는 것인가?'

# 32장

## 김소장 이야기 – 한 줄기 빛

～～～～～～～～～～～～～～～～～～

　공인중개사 김 소장은 마을의 장승 노릇도 그만둬야 할 때가 왔다고 생각했다. 과거 연 매출이 가장 좋을 때는 2억 원이나 되었다. 제반 경비를 다 제하고도 순이익이 1억 3천만 원이었다. 물론 순이익을 제외하고도 중간중간 분양권을 보유하며 달콤한 수익을 누리기도 했다.

　그러던 것이 몇 년 전에는 매출이 절반으로 떨어지고, 이듬해에는 또다시 매출이 절반으로 떨어지며 5천만 원 이하로 줄어버렸다. 월세 내기도 벅찰 때가 있었다. 매매가 없어지면 전·월세도 줄어드는 것이 김 소장이 겪어온 부동산 투자의 생리였다.

　다시금 부동산 시장이 활기를 찾는 듯 보였다. 물론 위기가 지나가면 다시 기회가 찾아오는 것도 알고 더 많은 것을 얻을 수 있음도 안다. 하지만 부동산 중개소는 예전 같은 황금기를 누리지 못할 것 같다고 직감했다. 나이를 먹는 동안 편의점보다 공인중개업소의 수가 많아져 버렸기에 위기 이후 찾아올 기회에 과거 같은 영광이 있을지 회의적이었다.

　산전수전 겪다 보니 김 소장도 어느덧 환갑이 되었다. 자기 분야에서 열심히 일하는 사람들은 30년의 세월이 흐르면 장인이라는 칭호를 받기도 하지만, 부동산 분야에서 열심히 일해 온 김 소장을 바라보는 사회의 시선이 곱지만은 않았다. 투기를 조장하는 사람, 적은 노력으로 큰 수수료를 챙기는 얍삽한 사람으로 보일 뿐이었다.

　공인중개사로 느끼는 고충은 업계에 종사하는 사람만 안다. 김 소장은 한때 대인기피증을 겪었고 우울증을 앓았다. 진상 고객의 항의에 하루도 마음 편한 날이 없었기 때문이다. 부동산 투자로 돈을 벌면 그들이 잘한 덕이요, 실패를 경험하면 중개사인 김 소장에게 비난의 화살이 쏟아졌다. 물론 부침은 있었지만, 지금까지 부동산은 우상향을 거듭해왔다. 비난보다 칭송이 더 어울릴지도 모르겠지만 김 소장 덕에 돈을 벌 수 있었던 사람들은 아무 말도 없었다.

　'중개소를 정리해야지.' 그가 다시금 결심을 굳히고 있을 때 노전수가 들어왔다.

"김 소장님 그간 안녕하셨어요?"

"노 사장님 어서 오세요."

"요즘 얼굴이 좀 안 좋아 보이시네요."

"노 사장님은 사람 상대하는 장사를 하시니 눈치가 빠르네요."

"무슨 일인지 속 시원히 말씀해 보세요."

"노 사장님이 업을 접었듯이 저도 이제 접을까 해서요."

"공인중개사만큼 편한 일이 없는 줄 알았더니 무슨 고충이 있으셨나 봐요. 제가 보기에는 평생직장으로 안성맞춤인줄 알았는데."

"그것도 다 옛말이지요. 전국에 편의점 수가 몇 개나 되는지 아세요?"

"얼마 전 뉴스에 보니 4만 개가 넘는다던데요."

"그러면 개업 공인중개사 수가 얼마인지는 아세요?"

"편의점만큼 많다고 말씀하시려는 건가요?"

"그 정도면 걱정 없게요."

"그러면 더 많다는 건가요?"

"2018년에 10만 명을 넘어섰네요."

"정말 놀랍네요. 편의점보다 곱절이나 많은 공인중개소라니."

"저도 이 분야의 준전문가 수준은 된다고 믿고 업을 영위해왔는데, 재빠른 젊은 친구들 따라가기 역부족이네요. 이제는 그만둘 때가 온 것 같아요."

"아이고 무슨 그런 말씀을! 저는 전문가인 소장님 덕을 톡톡히 봤는걸요. 하긴 지금에 와서 하는 말이지만 김 소장님이 죽도록 미울

때도 있었어요. 제가 사업을 제대로 못해서 망한 탓에 집이 넘어갈 때 비난의 화살을 쏠 대상이 필요했는데 괜스레 가까이 있던 김 소장님이 원망스럽더라고요."

"노 사장님처럼 내색하지 않은 것만 해도 양반이에요. 제가 오죽 했으면 그만두려 하겠어요."

"망해서가 아니라 때가 왔음을 알고 그만두신다니 그나마 덜 서운 하네요. 그간 부동산에 무지한 제게 좋은 이야기 많이 들려주셔서 감사합니다. 김 소장님이 들려주신 생생한 이야기 그리고 소장님 소 개로 알게 된 부동산투자 카페에서 보고 들은 내용이 참 많은 것 같 네요. 다시 한 번 감사드립니다."

전수가 자리에서 일어나려는데 한 젊은 부부가 돌이나 갓 지났을 법한 아이를 안고 부동산 중개소로 들어섰다. 김 소장은 자신의 마 지막 손님이라며 반갑게 맞아주었다. 디레버리지의 시대가 막을 내 리고 레버리지 시대의 시작을 알리는 이 시기에 부동산에 입문하는 신혼부부를 바라보며, 노전수는 운 좋은 시기에 신혼을 맞이한 그들 을 내심 부러워하며 바라보았다.

귓등으로 들리는 말에 의하면 8억 원짜리 아파트를 4억 원이나 대 출을 받고 구매한다고 했다. 게다가 30년의 세월 동안 대출금을 갚 아야 한다는 말도 들렸다. '살기 위해 집을 사는 것인지, 집을 위해 사는 것인지?' 30년의 세월이 흐르면 신혼부부도 부동산 중개소 김 소장의 나이가 되어 있을 것 같았다. 젊음과 바꾸어야 하는 집이라는 생각에 한편으로 씁쓸해지기도 했다.

사무실을 나서며 전수는 생각이 많아졌다.

'부동산 레버리지 투자는 과연 영원할까? 후분양이 일반화되어가고, 모듈러주택이 보급되며, 주택보급률이 110%를 넘어가고, 빈집들이 도처에 있을 즈음 대기업은 더 이상 건설로는 견뎌낼 수 없는 시대의 흐름을 느끼고 임대시장으로 뛰어들 것이다. 장수명 주택을 지은 건설사들이 공격적으로 임대업 시장에 진출할 것이고 오래된 집에 머무르던 세입자들은 녹물이 나오는 집을 버리고 관리가 잘된 대기업의 임대아파트로 들어갈 것이다.

레버리지 투자에 열을 올리던 개인 임대업자 중 상당수는 더는 설 자리가 없을 것 같다. 감가상각으로 인해 집의 가치는 하락하고, 상당한 자기부담금을 떠안으며 재건축을 해야만 하기에 과거의 재건축시장의 영광을 재현할 수도 없을 것이다.

대규모 자본을 운용하는 리츠펀드(투자자에게서 자금을 모아 부동산에 전문으로 투자하는 펀드)만이 이름을 남기고 개인투자자라는 말은 화석처럼 새겨질지도 모른다. 작은 부는 더 큰 부에 편입될 수밖에 없다. 작은 마트들이 대형 마트들 때문에 폐업을 했고, 학교 앞마다 있던 문방구가 자취를 감추었으며, 작은 식당들이 대기업 프랜차이즈 때문에 문을 닫았듯이 개인 부동산임대업자의 앞날이 밝아 보이지 않는다. 개인이 소자본으로 유지하던 임대사업자라는 타이틀은 오래된 문구점이 문을 닫듯 세월의 흐름에 따라 그렇게 변해갈 것 같다.'

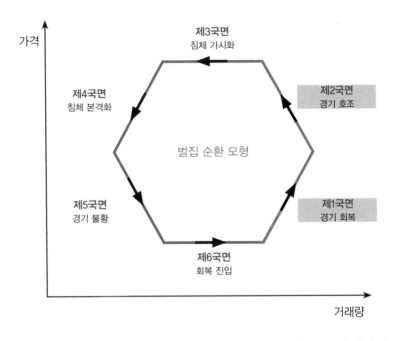

　제1국면에서는 경제의 전망이 밝고 주택 경기 전망이 좋아지면서 거래량과 가격이 동시에 상승한다. 제5~6국면을 거치면서 죽어버린 부동산 경기에 활력을 불어넣기 위해 정부에서 부동산 규제를 완화한다. 규제 완화는 투자자를 유인하게 되고 수요가 상승한다. 수요의 상승에 건설사는 공급을 확대하려 한다. 하지만 이 시기에 주택을 착공해서 준공까지 2~3년이 걸리기에 수요가 공급을 초과해서 가격은 상승한다.

　제2국면에서는 향후경기에 대한 비관적인 전망이 늘어나면서 제1

국면에 비교했을 때 거래량은 줄어들지만, 가격은 상승한다. 공급자들은 신규착공을 줄이고 수요자는 이사계획을 연기하면서 거래량이 줄어든다. 하지만 가격이 더 오르기 전에 주택을 구입해야 한다는 일부 수요자의 심리가 살아 있어서 가격은 계속 상승한다.

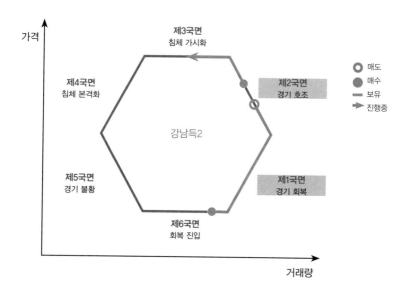

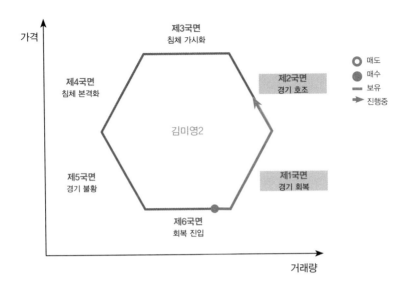

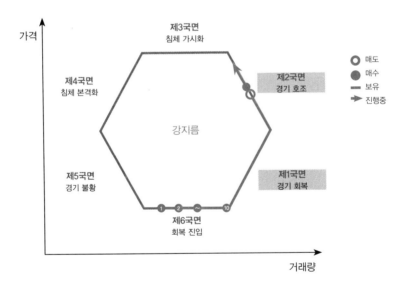

대한민국 부동산 흐름 읽는 법

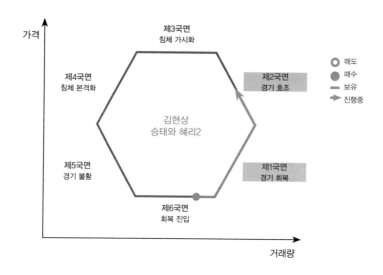

레버리지 시기는 돈을 벌기 좋은 시점이다. 동트기 직전이 가장 어둡듯이 투자의 시기를 종잡기가 어렵다. 미리 공부하고 준비하는 것이 하나의 방법이다.

강남득은 꾸준한 학습으로 디레버리지 시기를 비껴가지만, 레버리지의 시기 또한 비껴간다. 하지만 다시 찾아온 기회는 놓치지 않고 잡는다. 김미영은 한 번은 우연히 한 번은 학습으로 2번의 레버리지 시기 모두 만끽한다. 두 번의 성공을 가능하게 한 것은 아끼고 저축하는 생활이었다. 강지름은 초심자의 행운으로 기회를 포착하고 더 큰 수익을 노리기보다는 안착을 택한다. 김현상은 삶의 패턴에서 투자에 힌트를 얻는다. 승태와 혜리는 경험으로 안다.

자본을 축적하건 경험을 축적하건 지혜를 축적하건 축적의 시간은 필요하다. 행운은 축적의 시간을 가진 이에게 찾아오는 것 같다.

# 33장
노전수 이야기 5 – 뿌리 내리기

**노전수** 인생의 최전성기와 최악의 희로애락을 전부 처절하게 경험한 후 밑바닥에서부터 다시 시작하여 다시금 인생 2막을 꽃피웠다. 호황을 맞은 사업 덕에 일도 사랑도 전부 손에 넣었으며 전과는 달리 신중한 태도로 부동산투자에 임해 큰 부를 축적했다. 과도한 욕심을 부리지 않고 신중히 임한 결과였다.

13년 전 전수의 채무 변제에 상당한 돈을 내고 귀농을 선택하신 아버지와 밭길을 한참이나 걸었다. 옹이 없이 자라는 나무 없듯이 아버지 마음속에도 수없이 많은 옹이가 생겼을 것이다. 가장 큰 옹이는 전수가 만들었다는 사실도 부인할 수 없다. 고개를 돌려 아버지의 얼굴을 봤을 때 얼굴 가득한 주름은 세월이 남긴 흔적이 아닌

전수가 남긴 생채기인가 싶어 마음이 아려왔다. 하지만 아버지는 손자들이 좋아한다는 옥수수를 심으며 마냥 즐거워하셨다. 어린 시절 할아버지를 따라다니며 농사에 잔뼈가 굵었다는 아버지이지만 몸놀림은 예전 같지 않았다. 전수는 아버지를 돕고 싶었지만 흙을 밟고 서 있는 느낌조차 낯설게만 느껴졌다. 허리에 통증이 느껴지고 땀방울이 이마에 맺힐 즈음 아버지가 말씀하셨다.

"전수야, 옥수수 뿌리가 얼마나 튼튼하게 자리 내리는지 아니?"

"바람에 쓰러지지 않을 만큼 뿌리내리겠지요. 지난 태풍 때 옥수수가 쓰러졌다는 뉴스를 본 것 같아요."

"그래, 키만 멀대같이 컸지 태풍에는 우수수 쓰러지는 거야. 그런데 나는 옥수수 이게 참 영묘하게 보여. 태풍이 올 것 같으면 뿌리가 유난히 튼튼하게 내리는 것 같았어. 뿌리가 깊게 내리기도 하지만 마디마다 내리는 버팀뿌리를 보면 참 튼튼해 보이기도 하고 저도 살아 보려고 용쓰는 것 같아 안쓰럽기도 하더라."

"옥수수가 태풍이 올지 어떻게 알기라도 한다는 말씀이세요?"

"배운 게 없어서 과학적인 근거 그런 거는 잘 몰라. 그냥 해마다 옥수수를 심다 보면 뿌리가 실할 때가 있고 약할 때가 있는 것 같더라. 그냥 내 느낌이 그랬다는 거지."

"아버지가 보내주신 옥수수 먹을 줄만 알았지 뿌리는 생각해 본 적이 없네요."

"네가 태어나던 해에도 태풍이 세차게 몰아쳤어. 남들보다 더 벌어 보려고 특용작물을 하우스에 재배했는데, 나는 그나마 평년과 달리 유난히 실해 보이는 옥수수 뿌리를 보고 뭔가 찝찝해 비닐하우스에 태풍 대비를 단단히 해놓아서 큰 피해를 막을 수 있었지. 이웃에 크게 비닐하우스 하던 집이고 작게 하우스 하던 집이고 그 태풍 하나 때문에 다 망해버렸어. 자연의 힘 앞에서 인간은 참으로 나약하더구나. 뼈대만 덩그러니 남은 비닐하우스, 뜯겨나간 비닐이 바람에 서로 부딪히는 소리가 사람의 마음을 후벼 팔 때의 아픔, 그 속에 망가져버린 작물을 보면서 흘려야 하는 소리 없는 눈물. 참말로 잔혹하기 이를 데 없었어. 그때 네 친구 아버지도 농약 먹고 저세상으로 가버렸지. 모든 것을 잃고 타들어 가는 가슴속의 고통이 아마도 농약 먹고 죽을 때 고통보다 더했으면 더했지, 덜 하지는 않았을 거라 짐작되더구나."

"과학적인 건 차치하고라도 옥수수가 아버지 살린 건 분명하네요."

"전수야, 사람은 옥수수처럼 용한 재주는 없는 거 같아. 그저 세찬 태풍이 언제든지 올 수 있다고 생각하고 항상 대비하는 거지. 나만 특출한 재주 있는 것처럼 믿고, 다가올 어려움에 대비하지 않는다면 한순간에 다 잃을 수 있단다."

"아버지 말씀 명심할게요."

"요즘은 김매기 힘들어서 옥수수 모종을 심어 놓고 그 위에 검정비닐로 덮어놔. 검정비닐에 가려져 옥수수가 판단을 못하는지 버팀뿌리가 제대로 내리지도 않는단다. 앞날을 대비하기 더 어려워졌지."

"정보가 넘쳐나는 세상이지만 그만큼 우리 눈을 멀게 하는 것도 더 많아졌다는 말씀으로 들리네요."

15년 전 잘나가던 외식사업가였던 전수는 젊었다. 15년 전이었다면 아버지의 말씀을 새겨듣지 못했을 것이다. 세상이 다 자신의 것 같았고, 누구의 말도 들리지 않았으며, 마음만 먹으면 뭐든 할 수 있을 것 같았기 때문이다. 하지만 이제는 아버지의 말씀이 귀에 들렸다. 지금의 전수는 15년 전보다 부유하지만 겸손한 존재가 되었기에 아버지의 말씀을 아로새겨두었다.

'외환위기와 금융위기가 거대한 태풍처럼 몰아쳤지만, 사람들의 뇌리에는 더 이상 남아 있지 않은 것 같다. 우리 경제를 온통 혼란으로 빠뜨려버린 이번 위기 또한 지나갈 것이고 태풍 뒤의 고요처럼 아무렇지 않게 평온을 되찾을 것이다. 하지만 그 무심히 할퀴고 지나간 자리는 오랫동안 누군가의 마음을 아프게 할 것이고 기억 속에 아프게 각인될 것이다. 한편 수많은 고비를 견뎌내었을 인간의 유전자와 옥수수의 유전자는 다음 위기를 대비하고 있을지도 모른다.'

저 멀리서 새싹이 자라나는 들판에 아버지께서 걸어가신다. 그 옆에 어린 옥수수가 함께 있다. 이제 전수는 좀 더 강한 뿌리를 내리려고 한다.

밀란 쿤데라의 〈농담〉이라는 책을 접하며 연민, 유린이라는 두 단어가 깊이 남았다.

주택시장에서 누군가는 실패의 쓴맛을 보고 누군가는 승리감에 도취된다. 그러나 승리에 취하는 것도 잠시, 머지않아 주택시장에서 변화의 흐름에 영민하게 대응하지 못하고 낡아가는 주택과 함께 늙어갈 운명을 감지할지도 모른다.

정재승의 〈열두 발자국〉에는 다음과 같은 구절이 나온다. "젊은 시절 적절한 시기에 의사결정을 하는 게 얼마나 중요한지를 절감했기에 의사결정은 점점 빨라진다. 그러면서 자신의 직관과 감각이 발달했다고 생각한다. 나이가 들면서 유연한 사고는 점점 줄어드는 것이 인가의 뇌가 보이는 자연스러운 반응이다. 인지적 유연성이란 상황이 바뀌면 자신의 전략을 바꾸는 능력을 말하는데, 지나친 자기과신으로 그걸 잘 못하게 되면서 실패하는 경우가 발생한다."

과거의 성공담을 늘어놓으며 '내가 이렇게 해서 돈 벌었으니까 너도 이렇게 해라'는 말을 추종하기보다는 판단을 위한 하나의 자료로 활용했으면 한다. 덤불 속에서 힘껏 몸을 낮추고 냉정히 때를 기다리는 사자는 밀림의 왕으로 군림하지만, 사냥의 성공률은 30% 내외라고 한다. 사냥감을 대할 때면 자신을 최대한 낮추어 포복으로 신중하게 다가가는데도 그렇다. 다양한 의견을 청취하고 시기를 잘 판단해서 연민의 대상이 되지 않기를 바란다.

유린의 사전적 의미는 '남의 권리나 인격 등을 침해하여 짓밟음'이다.

권리라는 측면에서 행복을 추구할 권리, 재산권 등을 생각해본다. 자본주의는 말 그대로 자본이 지배하는 체제이다. 자본주의의 수레바퀴가 굴러가기 위해서 통화는 끊임없이 팽창되어야만 한다. 예금이나 하면서 안정적으로 돈을 굴리다가는 현상 유지도 하기 힘든 사회 시스템이다. 열심히 노력해서 얻은 자본은 굴리지 않으면 팽창하는 통화 앞에서 그 위력이 줄어들기 때문이다. 열심히 일하는 것만으로는 부족하다. 뭔가 다른 수단을 통해 이윤을 추구해야만 한 단계 더 위로 올라갈 수 있다. 열심히 살아왔는데 늘 제자리인 것 같고 누군가는 불로소득으로 항상 자신보다 앞서나간다는 박탈감이 들 수도 있다. 우리는 열심히 일한 대가로 자신의 재산을 지키며 행복을 추구할 수 있는 권리를 자본주의라는 이름하에 유린당한 것 같다. 삶을 유린당하지 않으려면 현재 상태를 직시하고 부단히 학습해야 한다.

경제학 이론들은 선행하기보다는 후행의 성격이 강하다고 한다. 앞날을 혹은 때를 예측하는 것은 그만큼 어려운 일이라는 의미일 것이다. 누군가는 부동산투자를 예찬하고 누군가는 부동산투자를 저주한다. 개개인의 성패는 노력 여부도 관계가 있겠지만 어떤 때를 만나느냐가 더 큰 영향을 끼치는 것 같다. 복잡다단해지는 사회에서 탐욕에 눈이 가려지지 않기를 바란다.

끝으로 한 권의 책으로 엮일 수 있도록 늘 지혜의 말씀을 들려주신 부모님, 재미있다고 독려해준 사랑하는 아내, 파워포인트 작업을 도와준 큰아들, 오타를 찾아준 작은아들, 단편 단편 조각난 내용이 끝을 볼 수 있게 도와준 빼앗긴들에도봄은오는가님, 유튜브방송으로 유익한 정보를 전해주는 도봉 박홍기님께 감사의 마음을 전합니

다. 더불어 첫 책 출간의 기회를 안겨준 트러스트북스 박현 대표님
께 감사의 마음을 전합니다.

# 대한민국 부동산 흐름 읽는 법

1판 1쇄 인쇄 2019년 11월 10일
1판 1쇄 발행 2019년 11월 25일

지은이 신진수
펴낸이 박현
펴낸곳 트러스트북스

등록번호 제2014-000225호
등록일자 2013년 12월 3일

주소 서울시 마포구 성미산로1길 5 백옥빌딩 202호
전화 (02) 322-3409
팩스 (02) 6933-6505
이메일 trustbooks@naver.com

값 16,000원
ISBN 979-11-87993-64-3  03320

믿고 보는 책, 트러스트북스는 독자 여러분의 의견을 소중히 여기며,
출판에 뜻이 있는 분들의 원고를 기다리고 있습니다.